Please Sign In. Thank You For Visiting

Address: _____ **Date:** _____

Name: _____ Home to sell: Yes No
Address: _____ Pre-Qualified: Yes No
Phone: _____ **Email:** _____
Comments: _____
_____

Name: _____ Home to sell: Yes No
Address: _____ Pre-Qualified: Yes No
Phone: _____ **Email:** _____
Comments: _____
_____

Name: _____ Home to sell: Yes No
Address: _____ Pre-Qualified: Yes No
Phone: _____ **Email:** _____
Comments: _____
_____

Name: _____ Home to sell: Yes No
Address: _____ Pre-Qualified: Yes No
Phone: _____ **Email:** _____
Comments: _____
_____

Name: _____ Home to sell: Yes No
Address: _____ Pre-Qualified: Yes No
Phone: _____ **Email:** _____
Comments: _____
_____

Broker: _____ **Phone:** _____

Please Sign In. Thank You For Visiting

Address: _____ **Date:** _____

Name: _____ Home to sell: Yes No
Address: _____ Pre-Qualified: Yes No
Phone: _____ **Email:** _____
Comments: _____
_____

Name: _____ Home to sell: Yes No
Address: _____ Pre-Qualified: Yes No
Phone: _____ **Email:** _____
Comments: _____
_____

Name: _____ Home to sell: Yes No
Address: _____ Pre-Qualified: Yes No
Phone: _____ **Email:** _____
Comments: _____
_____

Name: _____ Home to sell: Yes No
Address: _____ Pre-Qualified: Yes No
Phone: _____ **Email:** _____
Comments: _____
_____

Name: _____ Home to sell: Yes No
Address: _____ Pre-Qualified: Yes No
Phone: _____ **Email:** _____
Comments: _____
_____

Broker: _____ **Phone:** _____

Please Sign In. Thank You For Visiting

Address: _____ **Date:** _____

Name: _____ Home to sell: Yes   No
Address: _____ Pre-Qualified: Yes   No
Phone: _____   Email: _____
Comments: _____
_____

Name: _____ Home to sell: Yes   No
Address: _____ Pre-Qualified: Yes   No
Phone: _____   Email: _____
Comments: _____
_____

Name: _____ Home to sell: Yes   No
Address: _____ Pre-Qualified: Yes   No
Phone: _____   Email: _____
Comments: _____
_____

Name: _____ Home to sell: Yes   No
Address: _____ Pre-Qualified: Yes   No
Phone: _____   Email: _____
Comments: _____
_____

Name: _____ Home to sell: Yes   No
Address: _____ Pre-Qualified: Yes   No
Phone: _____   Email: _____
Comments: _____
_____

Broker: _____   **Phone:** _____

Please Sign In. Thank You For Visiting

Address: _____ **Date:** _____

Name: _____ Home to sell: Yes   No
Address: _____ Pre-Qualified: Yes   No
Phone: _____   Email: _____
Comments: _____
_____

Name: _____ Home to sell: Yes   No
Address: _____ Pre-Qualified: Yes   No
Phone: _____   Email: _____
Comments: _____
_____

Name: _____ Home to sell: Yes   No
Address: _____ Pre-Qualified: Yes   No
Phone: _____   Email: _____
Comments: _____
_____

Name: _____ Home to sell: Yes   No
Address: _____ Pre-Qualified: Yes   No
Phone: _____   Email: _____
Comments: _____
_____

Name: _____ Home to sell: Yes   No
Address: _____ Pre-Qualified: Yes   No
Phone: _____   Email: _____
Comments: _____
_____

Broker: _____ **Phone:** _____

Please Sign In. Thank You For Visiting

Address: _____ **Date:** _____

Name: _____ Home to sell: Yes   No
Address: _____ Pre-Qualified: Yes   No
Phone: _____   Email: _____
Comments: _____
_____

Name: _____ Home to sell: Yes   No
Address: _____ Pre-Qualified: Yes   No
Phone: _____   Email: _____
Comments: _____
_____

Name: _____ Home to sell: Yes   No
Address: _____ Pre-Qualified: Yes   No
Phone: _____   Email: _____
Comments: _____
_____

Name: _____ Home to sell: Yes   No
Address: _____ Pre-Qualified: Yes   No
Phone: _____   Email: _____
Comments: _____
_____

Name: _____ Home to sell: Yes   No
Address: _____ Pre-Qualified: Yes   No
Phone: _____   Email: _____
Comments: _____
_____

Broker: _____   **Phone:** _____

Please Sign In. Thank You For Visiting

Address: _____ **Date:** _____

Name: _____ Home to sell: Yes No
Address: _____ Pre-Qualified: Yes No
Phone: _____ Email: _____
Comments: _____
_____

Name: _____ Home to sell: Yes No
Address: _____ Pre-Qualified: Yes No
Phone: _____ Email: _____
Comments: _____
_____

Name: _____ Home to sell: Yes No
Address: _____ Pre-Qualified: Yes No
Phone: _____ Email: _____
Comments: _____
_____

Name: _____ Home to sell: Yes No
Address: _____ Pre-Qualified: Yes No
Phone: _____ Email: _____
Comments: _____
_____

Name: _____ Home to sell: Yes No
Address: _____ Pre-Qualified: Yes No
Phone: _____ Email: _____
Comments: _____
_____

Broker: _____ **Phone:** _____

Please Sign In. Thank You For Visiting

Address: _____ **Date:** _____

Name: _____ Home to sell: Yes No
Address: _____ Pre-Qualified: Yes No
Phone: _____ **Email:** _____
Comments: _____
_____

Name: _____ Home to sell: Yes No
Address: _____ Pre-Qualified: Yes No
Phone: _____ **Email:** _____
Comments: _____
_____

Name: _____ Home to sell: Yes No
Address: _____ Pre-Qualified: Yes No
Phone: _____ **Email:** _____
Comments: _____
_____

Name: _____ Home to sell: Yes No
Address: _____ Pre-Qualified: Yes No
Phone: _____ **Email:** _____
Comments: _____
_____

Name: _____ Home to sell: Yes No
Address: _____ Pre-Qualified: Yes No
Phone: _____ **Email:** _____
Comments: _____
_____

Broker: _____ **Phone:** _____

Please Sign In. Thank You For Visiting

Address: _____ **Date:** _____

Name: _____ Home to sell: Yes No
Address: _____ Pre-Qualified: Yes No
Phone: _____ **Email:** _____
Comments: _____
_____

Name: _____ Home to sell: Yes No
Address: _____ Pre-Qualified: Yes No
Phone: _____ **Email:** _____
Comments: _____
_____

Name: _____ Home to sell: Yes No
Address: _____ Pre-Qualified: Yes No
Phone: _____ **Email:** _____
Comments: _____
_____

Name: _____ Home to sell: Yes No
Address: _____ Pre-Qualified: Yes No
Phone: _____ **Email:** _____
Comments: _____
_____

Name: _____ Home to sell: Yes No
Address: _____ Pre-Qualified: Yes No
Phone: _____ **Email:** _____
Comments: _____
_____

Broker: _____ **Phone:** _____

Please Sign In. Thank You For Visiting

Address: _____ **Date:** _____

Name: _____ Home to sell: Yes   No
Address: _____ Pre-Qualified: Yes   No
Phone: _____   Email: _____
Comments: _____
_____

Name: _____ Home to sell: Yes   No
Address: _____ Pre-Qualified: Yes   No
Phone: _____   Email: _____
Comments: _____
_____

Name: _____ Home to sell: Yes   No
Address: _____ Pre-Qualified: Yes   No
Phone: _____   Email: _____
Comments: _____
_____

Name: _____ Home to sell: Yes   No
Address: _____ Pre-Qualified: Yes   No
Phone: _____   Email: _____
Comments: _____
_____

Name: _____ Home to sell: Yes   No
Address: _____ Pre-Qualified: Yes   No
Phone: _____   Email: _____
Comments: _____
_____

Broker: _____ **Phone:** _____

Please Sign In. Thank You For Visiting

Address: _____ **Date:** _____

Name: _____ Home to sell: Yes No
Address: _____ Pre-Qualified: Yes No
Phone: _____ Email: _____
Comments: _____
_____

Name: _____ Home to sell: Yes No
Address: _____ Pre-Qualified: Yes No
Phone: _____ Email: _____
Comments: _____
_____

Name: _____ Home to sell: Yes No
Address: _____ Pre-Qualified: Yes No
Phone: _____ Email: _____
Comments: _____
_____

Name: _____ Home to sell: Yes No
Address: _____ Pre-Qualified: Yes No
Phone: _____ Email: _____
Comments: _____
_____

Name: _____ Home to sell: Yes No
Address: _____ Pre-Qualified: Yes No
Phone: _____ Email: _____
Comments: _____
_____

Broker: _____ **Phone:** _____

Please Sign In. Thank You For Visiting

Address: _____ **Date:** _____

Name: _____ Home to sell: Yes No
Address: _____ Pre-Qualified: Yes No
Phone: _____ Email: _____
Comments: _____
_____

Name: _____ Home to sell: Yes No
Address: _____ Pre-Qualified: Yes No
Phone: _____ Email: _____
Comments: _____
_____

Name: _____ Home to sell: Yes No
Address: _____ Pre-Qualified: Yes No
Phone: _____ Email: _____
Comments: _____
_____

Name: _____ Home to sell: Yes No
Address: _____ Pre-Qualified: Yes No
Phone: _____ Email: _____
Comments: _____
_____

Name: _____ Home to sell: Yes No
Address: _____ Pre-Qualified: Yes No
Phone: _____ Email: _____
Comments: _____
_____

Broker: _____ **Phone:** _____

Please Sign In. Thank You For Visiting

Address: _____ **Date:** _____

Name: _____ Home to sell: Yes   No
Address: _____ Pre-Qualified: Yes   No
Phone: _____   **Email:** _____
Comments: _____
_____

Name: _____ Home to sell: Yes   No
Address: _____ Pre-Qualified: Yes   No
Phone: _____   **Email:** _____
Comments: _____
_____

Name: _____ Home to sell: Yes   No
Address: _____ Pre-Qualified: Yes   No
Phone: _____   **Email:** _____
Comments: _____
_____

Name: _____ Home to sell: Yes   No
Address: _____ Pre-Qualified: Yes   No
Phone: _____   **Email:** _____
Comments: _____
_____

Name: _____ Home to sell: Yes   No
Address: _____ Pre-Qualified: Yes   No
Phone: _____   **Email:** _____
Comments: _____
_____

Broker: _____ **Phone:** _____

Please Sign In. Thank You For Visiting

Address: _____ **Date:** _____

Name: _____ Home to sell: Yes   No
Address: _____ Pre-Qualified: Yes   No
Phone: _____   Email: _____
Comments: _____
_____

Name: _____ Home to sell: Yes   No
Address: _____ Pre-Qualified: Yes   No
Phone: _____   Email: _____
Comments: _____
_____

Name: _____ Home to sell: Yes   No
Address: _____ Pre-Qualified: Yes   No
Phone: _____   Email: _____
Comments: _____
_____

Name: _____ Home to sell: Yes   No
Address: _____ Pre-Qualified: Yes   No
Phone: _____   Email: _____
Comments: _____
_____

Name: _____ Home to sell: Yes   No
Address: _____ Pre-Qualified: Yes   No
Phone: _____   Email: _____
Comments: _____
_____

Broker: _____ **Phone:** _____

Please Sign In. Thank You For Visiting

Address: _____ **Date:** _____

Name: _____ Home to sell: Yes No
Address: _____ Pre-Qualified: Yes No
Phone: _____ Email: _____
Comments: _____
_____

Name: _____ Home to sell: Yes No
Address: _____ Pre-Qualified: Yes No
Phone: _____ Email: _____
Comments: _____
_____

Name: _____ Home to sell: Yes No
Address: _____ Pre-Qualified: Yes No
Phone: _____ Email: _____
Comments: _____
_____

Name: _____ Home to sell: Yes No
Address: _____ Pre-Qualified: Yes No
Phone: _____ Email: _____
Comments: _____
_____

Name: _____ Home to sell: Yes No
Address: _____ Pre-Qualified: Yes No
Phone: _____ Email: _____
Comments: _____
_____

Broker: _____ **Phone:** _____

Please Sign In. Thank You For Visiting

Address: _____ **Date:** _____

Name: _____ Home to sell: Yes   No
Address: _____ Pre-Qualified: Yes   No
Phone: _____   **Email:** _____
Comments: _____
_____

Name: _____ Home to sell: Yes   No
Address: _____ Pre-Qualified: Yes   No
Phone: _____   **Email:** _____
Comments: _____
_____

Name: _____ Home to sell: Yes   No
Address: _____ Pre-Qualified: Yes   No
Phone: _____   **Email:** _____
Comments: _____
_____

Name: _____ Home to sell: Yes   No
Address: _____ Pre-Qualified: Yes   No
Phone: _____   **Email:** _____
Comments: _____
_____

Name: _____ Home to sell: Yes   No
Address: _____ Pre-Qualified: Yes   No
Phone: _____   **Email:** _____
Comments: _____
_____

Broker: _____ **Phone:** _____

Please Sign In. Thank You For Visiting

Address: _____ **Date:** _____

Name: _____ Home to sell: Yes   No
Address: _____ Pre-Qualified: Yes   No
Phone: _____   Email: _____
Comments: _____
_____

Name: _____ Home to sell: Yes   No
Address: _____ Pre-Qualified: Yes   No
Phone: _____   Email: _____
Comments: _____
_____

Name: _____ Home to sell: Yes   No
Address: _____ Pre-Qualified: Yes   No
Phone: _____   Email: _____
Comments: _____
_____

Name: _____ Home to sell: Yes   No
Address: _____ Pre-Qualified: Yes   No
Phone: _____   Email: _____
Comments: _____
_____

Name: _____ Home to sell: Yes   No
Address: _____ Pre-Qualified: Yes   No
Phone: _____   Email: _____
Comments: _____
_____

Broker: _____ **Phone:** _____

Please Sign In. Thank You For Visiting

Address: _____ Date: _____

Name: _____ Home to sell: Yes   No
Address: _____ Pre-Qualified: Yes   No
Phone: _____ Email: _____
Comments: _____
_____

Name: _____ Home to sell: Yes   No
Address: _____ Pre-Qualified: Yes   No
Phone: _____ Email: _____
Comments: _____
_____

Name: _____ Home to sell: Yes   No
Address: _____ Pre-Qualified: Yes   No
Phone: _____ Email: _____
Comments: _____
_____

Name: _____ Home to sell: Yes   No
Address: _____ Pre-Qualified: Yes   No
Phone: _____ Email: _____
Comments: _____
_____

Name: _____ Home to sell: Yes   No
Address: _____ Pre-Qualified: Yes   No
Phone: _____ Email: _____
Comments: _____
_____

Broker: _____ Phone: _____

Please Sign In. Thank You For Visiting

Address: _____ Date: _____

Name: _____ Home to sell: Yes No
Address: _____ Pre-Qualified: Yes No
Phone: _____ Email: _____
Comments: _____
_____

Name: _____ Home to sell: Yes No
Address: _____ Pre-Qualified: Yes No
Phone: _____ Email: _____
Comments: _____
_____

Name: _____ Home to sell: Yes No
Address: _____ Pre-Qualified: Yes No
Phone: _____ Email: _____
Comments: _____
_____

Name: _____ Home to sell: Yes No
Address: _____ Pre-Qualified: Yes No
Phone: _____ Email: _____
Comments: _____
_____

Name: _____ Home to sell: Yes No
Address: _____ Pre-Qualified: Yes No
Phone: _____ Email: _____
Comments: _____
_____

Broker: _____ Phone: _____

Please Sign In. Thank You For Visiting

Address: _____ Date: _____

Name: _____ Home to sell: Yes No
Address: _____ Pre-Qualified: Yes No
Phone: _____ Email: _____
Comments: _____
_____

Name: _____ Home to sell: Yes No
Address: _____ Pre-Qualified: Yes No
Phone: _____ Email: _____
Comments: _____
_____

Name: _____ Home to sell: Yes No
Address: _____ Pre-Qualified: Yes No
Phone: _____ Email: _____
Comments: _____
_____

Name: _____ Home to sell: Yes No
Address: _____ Pre-Qualified: Yes No
Phone: _____ Email: _____
Comments: _____
_____

Name: _____ Home to sell: Yes No
Address: _____ Pre-Qualified: Yes No
Phone: _____ Email: _____
Comments: _____
_____

Broker: _____ Phone: _____

Please Sign In. Thank You For Visiting

Address: _____ **Date:** _____

Name: _____ Home to sell: Yes   No
Address: _____ Pre-Qualified: Yes   No
Phone: _____   Email: _____
Comments: _____
_____

Name: _____ Home to sell: Yes   No
Address: _____ Pre-Qualified: Yes   No
Phone: _____   Email: _____
Comments: _____
_____

Name: _____ Home to sell: Yes   No
Address: _____ Pre-Qualified: Yes   No
Phone: _____   Email: _____
Comments: _____
_____

Name: _____ Home to sell: Yes   No
Address: _____ Pre-Qualified: Yes   No
Phone: _____   Email: _____
Comments: _____
_____

Name: _____ Home to sell: Yes   No
Address: _____ Pre-Qualified: Yes   No
Phone: _____   Email: _____
Comments: _____
_____

Broker: _____ **Phone:** _____

Please Sign In. Thank You For Visiting

Address: _____ **Date:** _____

Name: _____ Home to sell: Yes No

Address: _____ Pre-Qualified: Yes No

Phone: _____ **Email:** _____

Comments: _____

_____

Name: _____ Home to sell: Yes No

Address: _____ Pre-Qualified: Yes No

Phone: _____ **Email:** _____

Comments: _____

_____

Name: _____ Home to sell: Yes No

Address: _____ Pre-Qualified: Yes No

Phone: _____ **Email:** _____

Comments: _____

_____

Name: _____ Home to sell: Yes No

Address: _____ Pre-Qualified: Yes No

Phone: _____ **Email:** _____

Comments: _____

_____

Name: _____ Home to sell: Yes No

Address: _____ Pre-Qualified: Yes No

Phone: _____ **Email:** _____

Comments: _____

_____

Broker: _____ **Phone:** _____

Please Sign In. Thank You For Visiting

Address: _____ **Date:** _____

Name: _____ Home to sell: Yes No
Address: _____ Pre-Qualified: Yes No
Phone: _____ **Email:** _____
Comments: _____
_____

Name: _____ Home to sell: Yes No
Address: _____ Pre-Qualified: Yes No
Phone: _____ **Email:** _____
Comments: _____
_____

Name: _____ Home to sell: Yes No
Address: _____ Pre-Qualified: Yes No
Phone: _____ **Email:** _____
Comments: _____
_____

Name: _____ Home to sell: Yes No
Address: _____ Pre-Qualified: Yes No
Phone: _____ **Email:** _____
Comments: _____
_____

Name: _____ Home to sell: Yes No
Address: _____ Pre-Qualified: Yes No
Phone: _____ **Email:** _____
Comments: _____
_____

Broker: _____ **Phone:** _____

Please Sign In. Thank You For Visiting

Address: _____ Date: _____

Name: _____ Home to sell:　Yes　No
Address: _____ Pre-Qualified:　Yes　No
Phone: _____ Email: _____
Comments: _____
_____

Name: _____ Home to sell:　Yes　No
Address: _____ Pre-Qualified:　Yes　No
Phone: _____ Email: _____
Comments: _____
_____

Name: _____ Home to sell:　Yes　No
Address: _____ Pre-Qualified:　Yes　No
Phone: _____ Email: _____
Comments: _____
_____

Name: _____ Home to sell:　Yes　No
Address: _____ Pre-Qualified:　Yes　No
Phone: _____ Email: _____
Comments: _____
_____

Name: _____ Home to sell:　Yes　No
Address: _____ Pre-Qualified:　Yes　No
Phone: _____ Email: _____
Comments: _____
_____

Broker: _____ Phone: _____

Please Sign In. Thank You For Visiting

Address: _____ **Date:** _____

Name: _____ Home to sell: Yes   No
Address: _____ Pre-Qualified: Yes   No
Phone: _____   Email: _____
Comments: _____
_____

Name: _____ Home to sell: Yes   No
Address: _____ Pre-Qualified: Yes   No
Phone: _____   Email: _____
Comments: _____
_____

Name: _____ Home to sell: Yes   No
Address: _____ Pre-Qualified: Yes   No
Phone: _____   Email: _____
Comments: _____
_____

Name: _____ Home to sell: Yes   No
Address: _____ Pre-Qualified: Yes   No
Phone: _____   Email: _____
Comments: _____
_____

Name: _____ Home to sell: Yes   No
Address: _____ Pre-Qualified: Yes   No
Phone: _____   Email: _____
Comments: _____
_____

Broker: _____ **Phone:** _____

Please Sign In. Thank You For Visiting

Address: _____ **Date:** _____

Name: _____ Home to sell: Yes No
Address: _____ Pre-Qualified: Yes No
Phone: _____ Email: _____
Comments: _____
_____

Name: _____ Home to sell: Yes No
Address: _____ Pre-Qualified: Yes No
Phone: _____ Email: _____
Comments: _____
_____

Name: _____ Home to sell: Yes No
Address: _____ Pre-Qualified: Yes No
Phone: _____ Email: _____
Comments: _____
_____

Name: _____ Home to sell: Yes No
Address: _____ Pre-Qualified: Yes No
Phone: _____ Email: _____
Comments: _____
_____

Name: _____ Home to sell: Yes No
Address: _____ Pre-Qualified: Yes No
Phone: _____ Email: _____
Comments: _____
_____

Broker: _____ **Phone:** _____

Please Sign In. Thank You For Visiting

Address: _____ **Date:** _____

Name: _____ Home to sell: Yes No
Address: _____ Pre-Qualified: Yes No
Phone: _____ **Email:** _____
Comments: _____
_____

Name: _____ Home to sell: Yes No
Address: _____ Pre-Qualified: Yes No
Phone: _____ **Email:** _____
Comments: _____
_____

Name: _____ Home to sell: Yes No
Address: _____ Pre-Qualified: Yes No
Phone: _____ **Email:** _____
Comments: _____
_____

Name: _____ Home to sell: Yes No
Address: _____ Pre-Qualified: Yes No
Phone: _____ **Email:** _____
Comments: _____
_____

Name: _____ Home to sell: Yes No
Address: _____ Pre-Qualified: Yes No
Phone: _____ **Email:** _____
Comments: _____
_____

Broker: _____ **Phone:** _____

Please Sign In. Thank You For Visiting

Address: _____ **Date:** _____

Name: _____ Home to sell: Yes No
Address: _____ Pre-Qualified: Yes No
Phone: _____ **Email:** _____
Comments: _____
_____

Name: _____ Home to sell: Yes No
Address: _____ Pre-Qualified: Yes No
Phone: _____ **Email:** _____
Comments: _____
_____

Name: _____ Home to sell: Yes No
Address: _____ Pre-Qualified: Yes No
Phone: _____ **Email:** _____
Comments: _____
_____

Name: _____ Home to sell: Yes No
Address: _____ Pre-Qualified: Yes No
Phone: _____ **Email:** _____
Comments: _____
_____

Name: _____ Home to sell: Yes No
Address: _____ Pre-Qualified: Yes No
Phone: _____ **Email:** _____
Comments: _____
_____

Broker: _____ **Phone:** _____

Please Sign In. Thank You For Visiting

Address: _____ **Date:** _____

Name: _____ Home to sell: Yes   No
Address: _____ Pre-Qualified: Yes   No
Phone: _____   Email: _____
Comments: _____
_____

Name: _____ Home to sell: Yes   No
Address: _____ Pre-Qualified: Yes   No
Phone: _____   Email: _____
Comments: _____
_____

Name: _____ Home to sell: Yes   No
Address: _____ Pre-Qualified: Yes   No
Phone: _____   Email: _____
Comments: _____
_____

Name: _____ Home to sell: Yes   No
Address: _____ Pre-Qualified: Yes   No
Phone: _____   Email: _____
Comments: _____
_____

Name: _____ Home to sell: Yes   No
Address: _____ Pre-Qualified: Yes   No
Phone: _____   Email: _____
Comments: _____
_____

Broker: _____ **Phone:** _____

Please Sign In. Thank You For Visiting

Address: _____ **Date:** _____

Name: _____ Home to sell: Yes   No
Address: _____ Pre-Qualified: Yes   No
Phone: _____ **Email:** _____
Comments: _____
_____

Name: _____ Home to sell: Yes   No
Address: _____ Pre-Qualified: Yes   No
Phone: _____ **Email:** _____
Comments: _____
_____

Name: _____ Home to sell: Yes   No
Address: _____ Pre-Qualified: Yes   No
Phone: _____ **Email:** _____
Comments: _____
_____

Name: _____ Home to sell: Yes   No
Address: _____ Pre-Qualified: Yes   No
Phone: _____ **Email:** _____
Comments: _____
_____

Name: _____ Home to sell: Yes   No
Address: _____ Pre-Qualified: Yes   No
Phone: _____ **Email:** _____
Comments: _____
_____

Broker: _____ **Phone:** _____

Please Sign In. Thank You For Visiting

Address: _____ **Date:** _____

Name: _____ Home to sell: Yes No
Address: _____ Pre-Qualified: Yes No
Phone: _____ Email: _____
Comments: _____
_____

Name: _____ Home to sell: Yes No
Address: _____ Pre-Qualified: Yes No
Phone: _____ Email: _____
Comments: _____
_____

Name: _____ Home to sell: Yes No
Address: _____ Pre-Qualified: Yes No
Phone: _____ Email: _____
Comments: _____
_____

Name: _____ Home to sell: Yes No
Address: _____ Pre-Qualified: Yes No
Phone: _____ Email: _____
Comments: _____
_____

Name: _____ Home to sell: Yes No
Address: _____ Pre-Qualified: Yes No
Phone: _____ Email: _____
Comments: _____
_____

Broker: _____ **Phone:** _____

Please Sign In. Thank You For Visiting

Address: _____ Date: _____

Name: _____ Home to sell: Yes No
Address: _____ Pre-Qualified: Yes No
Phone: _____ Email: _____
Comments: _____
_____

Name: _____ Home to sell: Yes No
Address: _____ Pre-Qualified: Yes No
Phone: _____ Email: _____
Comments: _____
_____

Name: _____ Home to sell: Yes No
Address: _____ Pre-Qualified: Yes No
Phone: _____ Email: _____
Comments: _____
_____

Name: _____ Home to sell: Yes No
Address: _____ Pre-Qualified: Yes No
Phone: _____ Email: _____
Comments: _____
_____

Name: _____ Home to sell: Yes No
Address: _____ Pre-Qualified: Yes No
Phone: _____ Email: _____
Comments: _____
_____

Broker: _____ Phone: _____

Please Sign In. Thank You For Visiting

Address: _____ **Date:** _____

Name: _____ Home to sell: Yes   No
Address: _____ Pre-Qualified: Yes   No
Phone: _____   Email: _____
Comments: _____
_____

Name: _____ Home to sell: Yes   No
Address: _____ Pre-Qualified: Yes   No
Phone: _____   Email: _____
Comments: _____
_____

Name: _____ Home to sell: Yes   No
Address: _____ Pre-Qualified: Yes   No
Phone: _____   Email: _____
Comments: _____
_____

Name: _____ Home to sell: Yes   No
Address: _____ Pre-Qualified: Yes   No
Phone: _____   Email: _____
Comments: _____
_____

Name: _____ Home to sell: Yes   No
Address: _____ Pre-Qualified: Yes   No
Phone: _____   Email: _____
Comments: _____
_____

Broker: _____ **Phone:** _____

Please Sign In. Thank You For Visiting

Address: _____ **Date:** _____

Name: _____ Home to sell: Yes No
Address: _____ Pre-Qualified: Yes No
Phone: _____ **Email:** _____
Comments: _____
_____

Name: _____ Home to sell: Yes No
Address: _____ Pre-Qualified: Yes No
Phone: _____ **Email:** _____
Comments: _____
_____

Name: _____ Home to sell: Yes No
Address: _____ Pre-Qualified: Yes No
Phone: _____ **Email:** _____
Comments: _____
_____

Name: _____ Home to sell: Yes No
Address: _____ Pre-Qualified: Yes No
Phone: _____ **Email:** _____
Comments: _____
_____

Name: _____ Home to sell: Yes No
Address: _____ Pre-Qualified: Yes No
Phone: _____ **Email:** _____
Comments: _____
_____

Broker: _____ **Phone:** _____

Please Sign In. Thank You For Visiting

Address: _____ **Date:** _____

Name: _____ Home to sell:　Yes　No
Address: _____ Pre-Qualified:　Yes　No
Phone: _____　Email: _____
Comments: _____
_____

Name: _____ Home to sell:　Yes　No
Address: _____ Pre-Qualified:　Yes　No
Phone: _____　Email: _____
Comments: _____
_____

Name: _____ Home to sell:　Yes　No
Address: _____ Pre-Qualified:　Yes　No
Phone: _____　Email: _____
Comments: _____
_____

Name: _____ Home to sell:　Yes　No
Address: _____ Pre-Qualified:　Yes　No
Phone: _____　Email: _____
Comments: _____
_____

Name: _____ Home to sell:　Yes　No
Address: _____ Pre-Qualified:　Yes　No
Phone: _____　Email: _____
Comments: _____
_____

Broker: _____ **Phone:** _____

Please Sign In. Thank You For Visiting

Address: _____ Date: _____

Name: _____ Home to sell:　Yes　No

Address: _____ Pre-Qualified:　Yes　No

Phone: _____　Email: _____

Comments: _____

_____

Name: _____ Home to sell:　Yes　No

Address: _____ Pre-Qualified:　Yes　No

Phone: _____　Email: _____

Comments: _____

_____

Name: _____ Home to sell:　Yes　No

Address: _____ Pre-Qualified:　Yes　No

Phone: _____　Email: _____

Comments: _____

_____

Name: _____ Home to sell:　Yes　No

Address: _____ Pre-Qualified:　Yes　No

Phone: _____　Email: _____

Comments: _____

_____

Name: _____ Home to sell:　Yes　No

Address: _____ Pre-Qualified:　Yes　No

Phone: _____　Email: _____

Comments: _____

_____

Broker: _____ Phone: _____

Please Sign In. Thank You For Visiting

Address: _____ **Date:** _____

Name: _____ Home to sell: Yes   No

Address: _____ Pre-Qualified: Yes   No

Phone: _____   Email: _____

Comments: _____

_____

Name: _____ Home to sell: Yes   No

Address: _____ Pre-Qualified: Yes   No

Phone: _____   Email: _____

Comments: _____

_____

Name: _____ Home to sell: Yes   No

Address: _____ Pre-Qualified: Yes   No

Phone: _____   Email: _____

Comments: _____

_____

Name: _____ Home to sell: Yes   No

Address: _____ Pre-Qualified: Yes   No

Phone: _____   Email: _____

Comments: _____

_____

Name: _____ Home to sell: Yes   No

Address: _____ Pre-Qualified: Yes   No

Phone: _____   Email: _____

Comments: _____

_____

Broker: _____ **Phone:** _____

Please Sign In. Thank You For Visiting

Address: _____ **Date:** _____

Name: _____ Home to sell: Yes   No
Address: _____ Pre-Qualified: Yes   No
Phone: _____ **Email:** _____
Comments: _____
_____

Name: _____ Home to sell: Yes   No
Address: _____ Pre-Qualified: Yes   No
Phone: _____ **Email:** _____
Comments: _____
_____

Name: _____ Home to sell: Yes   No
Address: _____ Pre-Qualified: Yes   No
Phone: _____ **Email:** _____
Comments: _____
_____

Name: _____ Home to sell: Yes   No
Address: _____ Pre-Qualified: Yes   No
Phone: _____ **Email:** _____
Comments: _____
_____

Name: _____ Home to sell: Yes   No
Address: _____ Pre-Qualified: Yes   No
Phone: _____ **Email:** _____
Comments: _____
_____

Broker: _____ **Phone:** _____

Please Sign In. Thank You For Visiting

Address: _____ **Date:** _____

Name: _____ Home to sell: Yes   No

Address: _____ Pre-Qualified: Yes   No

Phone: _____   Email: _____

Comments: _____

_____

Name: _____ Home to sell: Yes   No

Address: _____ Pre-Qualified: Yes   No

Phone: _____   Email: _____

Comments: _____

_____

Name: _____ Home to sell: Yes   No

Address: _____ Pre-Qualified: Yes   No

Phone: _____   Email: _____

Comments: _____

_____

Name: _____ Home to sell: Yes   No

Address: _____ Pre-Qualified: Yes   No

Phone: _____   Email: _____

Comments: _____

_____

Name: _____ Home to sell: Yes   No

Address: _____ Pre-Qualified: Yes   No

Phone: _____   Email: _____

Comments: _____

_____

Broker: _____ **Phone:** _____

Please Sign In. Thank You For Visiting

Address: _____ Date: _____

Name: _____ Home to sell:　Yes　No
Address: _____ Pre-Qualified:　Yes　No
Phone: _____　Email: _____
Comments: _____
_____

Name: _____ Home to sell:　Yes　No
Address: _____ Pre-Qualified:　Yes　No
Phone: _____　Email: _____
Comments: _____
_____

Name: _____ Home to sell:　Yes　No
Address: _____ Pre-Qualified:　Yes　No
Phone: _____　Email: _____
Comments: _____
_____

Name: _____ Home to sell:　Yes　No
Address: _____ Pre-Qualified:　Yes　No
Phone: _____　Email: _____
Comments: _____
_____

Name: _____ Home to sell:　Yes　No
Address: _____ Pre-Qualified:　Yes　No
Phone: _____　Email: _____
Comments: _____
_____

Broker: _____ Phone: _____

Please Sign In. Thank You For Visiting

Address: _____ **Date:** _____

Name: _____ Home to sell: Yes   No
Address: _____ Pre-Qualified: Yes   No
Phone: _____   Email: _____
Comments: _____
_____

Name: _____ Home to sell: Yes   No
Address: _____ Pre-Qualified: Yes   No
Phone: _____   Email: _____
Comments: _____
_____

Name: _____ Home to sell: Yes   No
Address: _____ Pre-Qualified: Yes   No
Phone: _____   Email: _____
Comments: _____
_____

Name: _____ Home to sell: Yes   No
Address: _____ Pre-Qualified: Yes   No
Phone: _____   Email: _____
Comments: _____
_____

Name: _____ Home to sell: Yes   No
Address: _____ Pre-Qualified: Yes   No
Phone: _____   Email: _____
Comments: _____
_____

Broker: _____ **Phone:** _____

Please Sign In. Thank You For Visiting

Address: _____ **Date:** _____

Name: _____ Home to sell: Yes   No
Address: _____ Pre-Qualified: Yes   No
Phone: _____ Email: _____
Comments: _____
_____

Name: _____ Home to sell: Yes   No
Address: _____ Pre-Qualified: Yes   No
Phone: _____ Email: _____
Comments: _____
_____

Name: _____ Home to sell: Yes   No
Address: _____ Pre-Qualified: Yes   No
Phone: _____ Email: _____
Comments: _____
_____

Name: _____ Home to sell: Yes   No
Address: _____ Pre-Qualified: Yes   No
Phone: _____ Email: _____
Comments: _____
_____

Name: _____ Home to sell: Yes   No
Address: _____ Pre-Qualified: Yes   No
Phone: _____ Email: _____
Comments: _____
_____

Broker: _____ **Phone:** _____

Please Sign In. Thank You For Visiting

Address: _____ **Date:** _____

Name: _____ Home to sell: Yes   No
Address: _____ Pre-Qualified: Yes   No
Phone: _____   Email: _____
Comments: _____
_____

Name: _____ Home to sell: Yes   No
Address: _____ Pre-Qualified: Yes   No
Phone: _____   Email: _____
Comments: _____
_____

Name: _____ Home to sell: Yes   No
Address: _____ Pre-Qualified: Yes   No
Phone: _____   Email: _____
Comments: _____
_____

Name: _____ Home to sell: Yes   No
Address: _____ Pre-Qualified: Yes   No
Phone: _____   Email: _____
Comments: _____
_____

Name: _____ Home to sell: Yes   No
Address: _____ Pre-Qualified: Yes   No
Phone: _____   Email: _____
Comments: _____
_____

Broker: _____ **Phone:** _____

Please Sign In. Thank You For Visiting

Address: _____ **Date:** _____

Name: _____ Home to sell: Yes   No
Address: _____ Pre-Qualified: Yes   No
Phone: _____   **Email:** _____
Comments: _____
_____

Name: _____ Home to sell: Yes   No
Address: _____ Pre-Qualified: Yes   No
Phone: _____   **Email:** _____
Comments: _____
_____

Name: _____ Home to sell: Yes   No
Address: _____ Pre-Qualified: Yes   No
Phone: _____   **Email:** _____
Comments: _____
_____

Name: _____ Home to sell: Yes   No
Address: _____ Pre-Qualified: Yes   No
Phone: _____   **Email:** _____
Comments: _____
_____

Name: _____ Home to sell: Yes   No
Address: _____ Pre-Qualified: Yes   No
Phone: _____   **Email:** _____
Comments: _____
_____

Broker: _____ **Phone:** _____

Please Sign In. Thank You For Visiting

Address: _____ **Date:** _____

Name: _____ Home to sell: Yes   No
Address: _____ Pre-Qualified: Yes   No
Phone: _____   Email: _____
Comments: _____
_____

Name: _____ Home to sell: Yes   No
Address: _____ Pre-Qualified: Yes   No
Phone: _____   Email: _____
Comments: _____
_____

Name: _____ Home to sell: Yes   No
Address: _____ Pre-Qualified: Yes   No
Phone: _____   Email: _____
Comments: _____
_____

Name: _____ Home to sell: Yes   No
Address: _____ Pre-Qualified: Yes   No
Phone: _____   Email: _____
Comments: _____
_____

Name: _____ Home to sell: Yes   No
Address: _____ Pre-Qualified: Yes   No
Phone: _____   Email: _____
Comments: _____
_____

Broker: _____ **Phone:** _____

Please Sign In. Thank You For Visiting

Address: _____ Date: _____

Name: _____ Home to sell: Yes No
Address: _____ Pre-Qualified: Yes No
Phone: _____ Email: _____
Comments: _____
_____

Name: _____ Home to sell: Yes No
Address: _____ Pre-Qualified: Yes No
Phone: _____ Email: _____
Comments: _____
_____

Name: _____ Home to sell: Yes No
Address: _____ Pre-Qualified: Yes No
Phone: _____ Email: _____
Comments: _____
_____

Name: _____ Home to sell: Yes No
Address: _____ Pre-Qualified: Yes No
Phone: _____ Email: _____
Comments: _____
_____

Name: _____ Home to sell: Yes No
Address: _____ Pre-Qualified: Yes No
Phone: _____ Email: _____
Comments: _____
_____

Broker: _____ Phone: _____

Please Sign In. Thank You For Visiting

Address: _____ Date: _____

Name: _____ Home to sell: Yes   No
Address: _____ Pre-Qualified: Yes   No
Phone: _____ Email: _____
Comments: _____
_____

Name: _____ Home to sell: Yes   No
Address: _____ Pre-Qualified: Yes   No
Phone: _____ Email: _____
Comments: _____
_____

Name: _____ Home to sell: Yes   No
Address: _____ Pre-Qualified: Yes   No
Phone: _____ Email: _____
Comments: _____
_____

Name: _____ Home to sell: Yes   No
Address: _____ Pre-Qualified: Yes   No
Phone: _____ Email: _____
Comments: _____
_____

Name: _____ Home to sell: Yes   No
Address: _____ Pre-Qualified: Yes   No
Phone: _____ Email: _____
Comments: _____
_____

Broker: _____ Phone: _____

Please Sign In. Thank You For Visiting

Address: _____ Date: _____

Name: _____ Home to sell: Yes   No
Address: _____ Pre-Qualified: Yes   No
Phone: _____ Email: _____
Comments: _____
_____

Name: _____ Home to sell: Yes   No
Address: _____ Pre-Qualified: Yes   No
Phone: _____ Email: _____
Comments: _____
_____

Name: _____ Home to sell: Yes   No
Address: _____ Pre-Qualified: Yes   No
Phone: _____ Email: _____
Comments: _____
_____

Name: _____ Home to sell: Yes   No
Address: _____ Pre-Qualified: Yes   No
Phone: _____ Email: _____
Comments: _____
_____

Name: _____ Home to sell: Yes   No
Address: _____ Pre-Qualified: Yes   No
Phone: _____ Email: _____
Comments: _____
_____

Broker: _____ Phone: _____

Please Sign In. Thank You For Visiting

Address: _____ **Date:** _____

Name: _____ Home to sell: Yes No
Address: _____ Pre-Qualified: Yes No
Phone: _____ Email: _____
Comments: _____
_____

Name: _____ Home to sell: Yes No
Address: _____ Pre-Qualified: Yes No
Phone: _____ Email: _____
Comments: _____
_____

Name: _____ Home to sell: Yes No
Address: _____ Pre-Qualified: Yes No
Phone: _____ Email: _____
Comments: _____
_____

Name: _____ Home to sell: Yes No
Address: _____ Pre-Qualified: Yes No
Phone: _____ Email: _____
Comments: _____
_____

Name: _____ Home to sell: Yes No
Address: _____ Pre-Qualified: Yes No
Phone: _____ Email: _____
Comments: _____
_____

Broker: _____ **Phone:** _____

Please Sign In. Thank You For Visiting

Address: _____ **Date:** _____

Name: _____ Home to sell: Yes   No
Address: _____ Pre-Qualified: Yes   No
Phone: _____ **Email:** _____
Comments: _____
_____

Name: _____ Home to sell: Yes   No
Address: _____ Pre-Qualified: Yes   No
Phone: _____ **Email:** _____
Comments: _____
_____

Name: _____ Home to sell: Yes   No
Address: _____ Pre-Qualified: Yes   No
Phone: _____ **Email:** _____
Comments: _____
_____

Name: _____ Home to sell: Yes   No
Address: _____ Pre-Qualified: Yes   No
Phone: _____ **Email:** _____
Comments: _____
_____

Name: _____ Home to sell: Yes   No
Address: _____ Pre-Qualified: Yes   No
Phone: _____ **Email:** _____
Comments: _____
_____

Broker: _____ **Phone:** _____

Please Sign In. Thank You For Visiting

Address: _____ **Date:** _____

Name: _____ Home to sell: Yes   No
Address: _____ Pre-Qualified: Yes   No
Phone: _____ **Email:** _____
Comments: _____
_____

Name: _____ Home to sell: Yes   No
Address: _____ Pre-Qualified: Yes   No
Phone: _____ **Email:** _____
Comments: _____
_____

Name: _____ Home to sell: Yes   No
Address: _____ Pre-Qualified: Yes   No
Phone: _____ **Email:** _____
Comments: _____
_____

Name: _____ Home to sell: Yes   No
Address: _____ Pre-Qualified: Yes   No
Phone: _____ **Email:** _____
Comments: _____
_____

Name: _____ Home to sell: Yes   No
Address: _____ Pre-Qualified: Yes   No
Phone: _____ **Email:** _____
Comments: _____
_____

Broker: _____ **Phone:** _____

Please Sign In. Thank You For Visiting

Address: _____ Date: _____

Name: _____ Home to sell: Yes   No
Address: _____ Pre-Qualified: Yes   No
Phone: _____ Email: _____
Comments: _____
_____

Name: _____ Home to sell: Yes   No
Address: _____ Pre-Qualified: Yes   No
Phone: _____ Email: _____
Comments: _____
_____

Name: _____ Home to sell: Yes   No
Address: _____ Pre-Qualified: Yes   No
Phone: _____ Email: _____
Comments: _____
_____

Name: _____ Home to sell: Yes   No
Address: _____ Pre-Qualified: Yes   No
Phone: _____ Email: _____
Comments: _____
_____

Name: _____ Home to sell: Yes   No
Address: _____ Pre-Qualified: Yes   No
Phone: _____ Email: _____
Comments: _____
_____

Broker: _____ Phone: _____

Please Sign In. Thank You For Visiting

Address: _____ **Date:** _____

Name: _____ Home to sell: Yes   No
Address: _____ Pre-Qualified: Yes   No
Phone: _____   Email: _____
Comments: _____
_____

Name: _____ Home to sell: Yes   No
Address: _____ Pre-Qualified: Yes   No
Phone: _____   Email: _____
Comments: _____
_____

Name: _____ Home to sell: Yes   No
Address: _____ Pre-Qualified: Yes   No
Phone: _____   Email: _____
Comments: _____
_____

Name: _____ Home to sell: Yes   No
Address: _____ Pre-Qualified: Yes   No
Phone: _____   Email: _____
Comments: _____
_____

Name: _____ Home to sell: Yes   No
Address: _____ Pre-Qualified: Yes   No
Phone: _____   Email: _____
Comments: _____
_____

Broker: _____ **Phone:** _____

Please Sign In. Thank You For Visiting

Address: _____ **Date:** _____

Name: _____ Home to sell: Yes   No
Address: _____ Pre-Qualified: Yes   No
Phone: _____ **Email:** _____
Comments: _____
_____

Name: _____ Home to sell: Yes   No
Address: _____ Pre-Qualified: Yes   No
Phone: _____ **Email:** _____
Comments: _____
_____

Name: _____ Home to sell: Yes   No
Address: _____ Pre-Qualified: Yes   No
Phone: _____ **Email:** _____
Comments: _____
_____

Name: _____ Home to sell: Yes   No
Address: _____ Pre-Qualified: Yes   No
Phone: _____ **Email:** _____
Comments: _____
_____

Name: _____ Home to sell: Yes   No
Address: _____ Pre-Qualified: Yes   No
Phone: _____ **Email:** _____
Comments: _____
_____

Broker: _____ **Phone:** _____

Please Sign In. Thank You For Visiting

Address: _____ **Date:** _____

Name: _____ Home to sell: Yes No
Address: _____ Pre-Qualified: Yes No
Phone: _____ **Email:** _____
Comments: _____
_____

Name: _____ Home to sell: Yes No
Address: _____ Pre-Qualified: Yes No
Phone: _____ **Email:** _____
Comments: _____
_____

Name: _____ Home to sell: Yes No
Address: _____ Pre-Qualified: Yes No
Phone: _____ **Email:** _____
Comments: _____
_____

Name: _____ Home to sell: Yes No
Address: _____ Pre-Qualified: Yes No
Phone: _____ **Email:** _____
Comments: _____
_____

Name: _____ Home to sell: Yes No
Address: _____ Pre-Qualified: Yes No
Phone: _____ **Email:** _____
Comments: _____
_____

Broker: _____ **Phone:** _____

Please Sign In. Thank You For Visiting

Address: _____ **Date:** _____

Name: _____ Home to sell: Yes   No
Address: _____ Pre-Qualified: Yes   No
Phone: _____ Email: _____
Comments: _____
_____

Name: _____ Home to sell: Yes   No
Address: _____ Pre-Qualified: Yes   No
Phone: _____ Email: _____
Comments: _____
_____

Name: _____ Home to sell: Yes   No
Address: _____ Pre-Qualified: Yes   No
Phone: _____ Email: _____
Comments: _____
_____

Name: _____ Home to sell: Yes   No
Address: _____ Pre-Qualified: Yes   No
Phone: _____ Email: _____
Comments: _____
_____

Name: _____ Home to sell: Yes   No
Address: _____ Pre-Qualified: Yes   No
Phone: _____ Email: _____
Comments: _____
_____

Broker: _____ **Phone:** _____

Please Sign In. Thank You For Visiting

Address: _____ **Date:** _____

Name: _____ Home to sell: Yes   No
Address: _____ Pre-Qualified: Yes   No
Phone: _____   Email: _____
Comments: _____
_____

Name: _____ Home to sell: Yes   No
Address: _____ Pre-Qualified: Yes   No
Phone: _____   Email: _____
Comments: _____
_____

Name: _____ Home to sell: Yes   No
Address: _____ Pre-Qualified: Yes   No
Phone: _____   Email: _____
Comments: _____
_____

Name: _____ Home to sell: Yes   No
Address: _____ Pre-Qualified: Yes   No
Phone: _____   Email: _____
Comments: _____
_____

Name: _____ Home to sell: Yes   No
Address: _____ Pre-Qualified: Yes   No
Phone: _____   Email: _____
Comments: _____
_____

Broker: _____ **Phone:** _____

Please Sign In. Thank You For Visiting

Address: _____ **Date:** _____

Name: _____ Home to sell: Yes   No
Address: _____ Pre-Qualified: Yes   No
Phone: _____ **Email:** _____
Comments: _____
_____

Name: _____ Home to sell: Yes   No
Address: _____ Pre-Qualified: Yes   No
Phone: _____ **Email:** _____
Comments: _____
_____

Name: _____ Home to sell: Yes   No
Address: _____ Pre-Qualified: Yes   No
Phone: _____ **Email:** _____
Comments: _____
_____

Name: _____ Home to sell: Yes   No
Address: _____ Pre-Qualified: Yes   No
Phone: _____ **Email:** _____
Comments: _____
_____

Name: _____ Home to sell: Yes   No
Address: _____ Pre-Qualified: Yes   No
Phone: _____ **Email:** _____
Comments: _____
_____

Broker: _____ **Phone:** _____

Please Sign In. Thank You For Visiting

Address: _____ **Date:** _____

Name: _____ Home to sell: Yes   No
Address: _____ Pre-Qualified: Yes   No
Phone: _____   Email: _____
Comments: _____
_____

Name: _____ Home to sell: Yes   No
Address: _____ Pre-Qualified: Yes   No
Phone: _____   Email: _____
Comments: _____
_____

Name: _____ Home to sell: Yes   No
Address: _____ Pre-Qualified: Yes   No
Phone: _____   Email: _____
Comments: _____
_____

Name: _____ Home to sell: Yes   No
Address: _____ Pre-Qualified: Yes   No
Phone: _____   Email: _____
Comments: _____
_____

Name: _____ Home to sell: Yes   No
Address: _____ Pre-Qualified: Yes   No
Phone: _____   Email: _____
Comments: _____
_____

Broker: _____ **Phone:** _____

Please Sign In. Thank You For Visiting

Address: _____ **Date:** _____

Name: _____ Home to sell: Yes No
Address: _____ Pre-Qualified: Yes No
Phone: _____ **Email:** _____
Comments: _____
_____

Name: _____ Home to sell: Yes No
Address: _____ Pre-Qualified: Yes No
Phone: _____ **Email:** _____
Comments: _____
_____

Name: _____ Home to sell: Yes No
Address: _____ Pre-Qualified: Yes No
Phone: _____ **Email:** _____
Comments: _____
_____

Name: _____ Home to sell: Yes No
Address: _____ Pre-Qualified: Yes No
Phone: _____ **Email:** _____
Comments: _____
_____

Name: _____ Home to sell: Yes No
Address: _____ Pre-Qualified: Yes No
Phone: _____ **Email:** _____
Comments: _____
_____

Broker: _____ **Phone:** _____

Please Sign In. Thank You For Visiting

Address: _____ **Date:** _____

Name: _____ Home to sell: Yes No
Address: _____ Pre-Qualified: Yes No
Phone: _____ Email: _____
Comments: _____
_____

Name: _____ Home to sell: Yes No
Address: _____ Pre-Qualified: Yes No
Phone: _____ Email: _____
Comments: _____
_____

Name: _____ Home to sell: Yes No
Address: _____ Pre-Qualified: Yes No
Phone: _____ Email: _____
Comments: _____
_____

Name: _____ Home to sell: Yes No
Address: _____ Pre-Qualified: Yes No
Phone: _____ Email: _____
Comments: _____
_____

Name: _____ Home to sell: Yes No
Address: _____ Pre-Qualified: Yes No
Phone: _____ Email: _____
Comments: _____
_____

Broker: _____ **Phone:** _____

Please Sign In. Thank You For Visiting

Address: _____ Date: _____

Name: _____ Home to sell: Yes No
Address: _____ Pre-Qualified: Yes No
Phone: _____ Email: _____
Comments: _____
_____

Name: _____ Home to sell: Yes No
Address: _____ Pre-Qualified: Yes No
Phone: _____ Email: _____
Comments: _____
_____

Name: _____ Home to sell: Yes No
Address: _____ Pre-Qualified: Yes No
Phone: _____ Email: _____
Comments: _____
_____

Name: _____ Home to sell: Yes No
Address: _____ Pre-Qualified: Yes No
Phone: _____ Email: _____
Comments: _____
_____

Name: _____ Home to sell: Yes No
Address: _____ Pre-Qualified: Yes No
Phone: _____ Email: _____
Comments: _____
_____

Broker: _____ Phone: _____

Please Sign In. Thank You For Visiting

Address: _____ **Date:** _____

Name: _____ Home to sell: Yes No
Address: _____ Pre-Qualified: Yes No
Phone: _____ **Email:** _____
Comments: _____
_____

Name: _____ Home to sell: Yes No
Address: _____ Pre-Qualified: Yes No
Phone: _____ **Email:** _____
Comments: _____
_____

Name: _____ Home to sell: Yes No
Address: _____ Pre-Qualified: Yes No
Phone: _____ **Email:** _____
Comments: _____
_____

Name: _____ Home to sell: Yes No
Address: _____ Pre-Qualified: Yes No
Phone: _____ **Email:** _____
Comments: _____
_____

Name: _____ Home to sell: Yes No
Address: _____ Pre-Qualified: Yes No
Phone: _____ **Email:** _____
Comments: _____
_____

Broker: _____ **Phone:** _____

Please Sign In. Thank You For Visiting

Address: _____ **Date:** _____

Name: _____ Home to sell: Yes No
Address: _____ Pre-Qualified: Yes No
Phone: _____ **Email:** _____
Comments: _____
_____

Name: _____ Home to sell: Yes No
Address: _____ Pre-Qualified: Yes No
Phone: _____ **Email:** _____
Comments: _____
_____

Name: _____ Home to sell: Yes No
Address: _____ Pre-Qualified: Yes No
Phone: _____ **Email:** _____
Comments: _____
_____

Name: _____ Home to sell: Yes No
Address: _____ Pre-Qualified: Yes No
Phone: _____ **Email:** _____
Comments: _____
_____

Name: _____ Home to sell: Yes No
Address: _____ Pre-Qualified: Yes No
Phone: _____ **Email:** _____
Comments: _____
_____

Broker: _____ **Phone:** _____

Please Sign In. Thank You For Visiting

Address: _____ **Date:** _____

Name: _____ Home to sell: Yes   No
Address: _____ Pre-Qualified: Yes   No
Phone: _____   Email: _____
Comments: _____
_____

Name: _____ Home to sell: Yes   No
Address: _____ Pre-Qualified: Yes   No
Phone: _____   Email: _____
Comments: _____
_____

Name: _____ Home to sell: Yes   No
Address: _____ Pre-Qualified: Yes   No
Phone: _____   Email: _____
Comments: _____
_____

Name: _____ Home to sell: Yes   No
Address: _____ Pre-Qualified: Yes   No
Phone: _____   Email: _____
Comments: _____
_____

Name: _____ Home to sell: Yes   No
Address: _____ Pre-Qualified: Yes   No
Phone: _____   Email: _____
Comments: _____
_____

Broker: _____ **Phone:** _____

Please Sign In. Thank You For Visiting

Address: _____ **Date:** _____

Name: _____ Home to sell: Yes No
Address: _____ Pre-Qualified: Yes No
Phone: _____ **Email:** _____
Comments: _____
_____

Name: _____ Home to sell: Yes No
Address: _____ Pre-Qualified: Yes No
Phone: _____ **Email:** _____
Comments: _____
_____

Name: _____ Home to sell: Yes No
Address: _____ Pre-Qualified: Yes No
Phone: _____ **Email:** _____
Comments: _____
_____

Name: _____ Home to sell: Yes No
Address: _____ Pre-Qualified: Yes No
Phone: _____ **Email:** _____
Comments: _____
_____

Name: _____ Home to sell: Yes No
Address: _____ Pre-Qualified: Yes No
Phone: _____ **Email:** _____
Comments: _____
_____

Broker: _____ **Phone:** _____

Please Sign In. Thank You For Visiting

Address: _____ **Date:** _____

Name: _____ Home to sell: Yes No
Address: _____ Pre-Qualified: Yes No
Phone: _____ **Email:** _____
Comments: _____
_____

Name: _____ Home to sell: Yes No
Address: _____ Pre-Qualified: Yes No
Phone: _____ **Email:** _____
Comments: _____
_____

Name: _____ Home to sell: Yes No
Address: _____ Pre-Qualified: Yes No
Phone: _____ **Email:** _____
Comments: _____
_____

Name: _____ Home to sell: Yes No
Address: _____ Pre-Qualified: Yes No
Phone: _____ **Email:** _____
Comments: _____
_____

Name: _____ Home to sell: Yes No
Address: _____ Pre-Qualified: Yes No
Phone: _____ **Email:** _____
Comments: _____
_____

Broker: _____ **Phone:** _____

Please Sign In. Thank You For Visiting

Address: _____ Date: _____

Name: _____ Home to sell: Yes No
Address: _____ Pre-Qualified: Yes No
Phone: _____ Email: _____
Comments: _____
_____

Name: _____ Home to sell: Yes No
Address: _____ Pre-Qualified: Yes No
Phone: _____ Email: _____
Comments: _____
_____

Name: _____ Home to sell: Yes No
Address: _____ Pre-Qualified: Yes No
Phone: _____ Email: _____
Comments: _____
_____

Name: _____ Home to sell: Yes No
Address: _____ Pre-Qualified: Yes No
Phone: _____ Email: _____
Comments: _____
_____

Name: _____ Home to sell: Yes No
Address: _____ Pre-Qualified: Yes No
Phone: _____ Email: _____
Comments: _____
_____

Broker: _____ Phone: _____

Please Sign In. Thank You For Visiting

Address: _____ **Date:** _____

Name: _____ Home to sell: Yes   No
Address: _____ Pre-Qualified: Yes   No
Phone: _____   Email: _____
Comments: _____
_____

Name: _____ Home to sell: Yes   No
Address: _____ Pre-Qualified: Yes   No
Phone: _____   Email: _____
Comments: _____
_____

Name: _____ Home to sell: Yes   No
Address: _____ Pre-Qualified: Yes   No
Phone: _____   Email: _____
Comments: _____
_____

Name: _____ Home to sell: Yes   No
Address: _____ Pre-Qualified: Yes   No
Phone: _____   Email: _____
Comments: _____
_____

Name: _____ Home to sell: Yes   No
Address: _____ Pre-Qualified: Yes   No
Phone: _____   Email: _____
Comments: _____
_____

Broker: _____ **Phone:** _____

Please Sign In. Thank You For Visiting

Address: _____ **Date:** _____

Name: _____ Home to sell: Yes No
Address: _____ Pre-Qualified: Yes No
Phone: _____   **Email:** _____
Comments: _____
_____

Name: _____ Home to sell: Yes No
Address: _____ Pre-Qualified: Yes No
Phone: _____   **Email:** _____
Comments: _____
_____

Name: _____ Home to sell: Yes No
Address: _____ Pre-Qualified: Yes No
Phone: _____   **Email:** _____
Comments: _____
_____

Name: _____ Home to sell: Yes No
Address: _____ Pre-Qualified: Yes No
Phone: _____   **Email:** _____
Comments: _____
_____

Name: _____ Home to sell: Yes No
Address: _____ Pre-Qualified: Yes No
Phone: _____   **Email:** _____
Comments: _____
_____

Broker: _____ **Phone:** _____

Please Sign In. Thank You For Visiting

Address: _____ **Date:** _____

Name: _____ Home to sell: Yes   No
Address: _____ Pre-Qualified: Yes   No
Phone: _____   Email: _____
Comments: _____
_____

Name: _____ Home to sell: Yes   No
Address: _____ Pre-Qualified: Yes   No
Phone: _____   Email: _____
Comments: _____
_____

Name: _____ Home to sell: Yes   No
Address: _____ Pre-Qualified: Yes   No
Phone: _____   Email: _____
Comments: _____
_____

Name: _____ Home to sell: Yes   No
Address: _____ Pre-Qualified: Yes   No
Phone: _____   Email: _____
Comments: _____
_____

Name: _____ Home to sell: Yes   No
Address: _____ Pre-Qualified: Yes   No
Phone: _____   Email: _____
Comments: _____
_____

Broker: _____ **Phone:** _____

Please Sign In. Thank You For Visiting

Address: _____ Date: _____

Name: _____ Home to sell: Yes   No
Address: _____ Pre-Qualified: Yes   No
Phone: _____   Email: _____
Comments: _____
_____

Name: _____ Home to sell: Yes   No
Address: _____ Pre-Qualified: Yes   No
Phone: _____   Email: _____
Comments: _____
_____

Name: _____ Home to sell: Yes   No
Address: _____ Pre-Qualified: Yes   No
Phone: _____   Email: _____
Comments: _____
_____

Name: _____ Home to sell: Yes   No
Address: _____ Pre-Qualified: Yes   No
Phone: _____   Email: _____
Comments: _____
_____

Name: _____ Home to sell: Yes   No
Address: _____ Pre-Qualified: Yes   No
Phone: _____   Email: _____
Comments: _____
_____

Broker: _____ Phone: _____

Please Sign In. Thank You For Visiting

Address: _____ Date: _____

Name: _____ Home to sell: Yes   No
Address: _____ Pre-Qualified: Yes   No
Phone: _____ Email: _____
Comments: _____
_____

Name: _____ Home to sell: Yes   No
Address: _____ Pre-Qualified: Yes   No
Phone: _____ Email: _____
Comments: _____
_____

Name: _____ Home to sell: Yes   No
Address: _____ Pre-Qualified: Yes   No
Phone: _____ Email: _____
Comments: _____
_____

Name: _____ Home to sell: Yes   No
Address: _____ Pre-Qualified: Yes   No
Phone: _____ Email: _____
Comments: _____
_____

Name: _____ Home to sell: Yes   No
Address: _____ Pre-Qualified: Yes   No
Phone: _____ Email: _____
Comments: _____
_____

Broker: _____ Phone: _____

Please Sign In. Thank You For Visiting

Address: _____ **Date:** _____

Name: _____ Home to sell: Yes No
Address: _____ Pre-Qualified: Yes No
Phone: _____ Email: _____
Comments: _____
_____

Name: _____ Home to sell: Yes No
Address: _____ Pre-Qualified: Yes No
Phone: _____ Email: _____
Comments: _____
_____

Name: _____ Home to sell: Yes No
Address: _____ Pre-Qualified: Yes No
Phone: _____ Email: _____
Comments: _____
_____

Name: _____ Home to sell: Yes No
Address: _____ Pre-Qualified: Yes No
Phone: _____ Email: _____
Comments: _____
_____

Name: _____ Home to sell: Yes No
Address: _____ Pre-Qualified: Yes No
Phone: _____ Email: _____
Comments: _____
_____

Broker: _____ **Phone:** _____

Please Sign In. Thank You For Visiting

Address: _____ **Date:** _____

Name: _____ Home to sell: Yes No
Address: _____ Pre-Qualified: Yes No
Phone: _____ **Email:** _____
Comments: _____
_____

Name: _____ Home to sell: Yes No
Address: _____ Pre-Qualified: Yes No
Phone: _____ **Email:** _____
Comments: _____
_____

Name: _____ Home to sell: Yes No
Address: _____ Pre-Qualified: Yes No
Phone: _____ **Email:** _____
Comments: _____
_____

Name: _____ Home to sell: Yes No
Address: _____ Pre-Qualified: Yes No
Phone: _____ **Email:** _____
Comments: _____
_____

Name: _____ Home to sell: Yes No
Address: _____ Pre-Qualified: Yes No
Phone: _____ **Email:** _____
Comments: _____
_____

Broker: _____ **Phone:** _____

Please Sign In. Thank You For Visiting

Address: _____ **Date:** _____

Name: _____ Home to sell: Yes No
Address: _____ Pre-Qualified: Yes No
Phone: _____ **Email:** _____
Comments: _____
_____

Name: _____ Home to sell: Yes No
Address: _____ Pre-Qualified: Yes No
Phone: _____ **Email:** _____
Comments: _____
_____

Name: _____ Home to sell: Yes No
Address: _____ Pre-Qualified: Yes No
Phone: _____ **Email:** _____
Comments: _____
_____

Name: _____ Home to sell: Yes No
Address: _____ Pre-Qualified: Yes No
Phone: _____ **Email:** _____
Comments: _____
_____

Name: _____ Home to sell: Yes No
Address: _____ Pre-Qualified: Yes No
Phone: _____ **Email:** _____
Comments: _____
_____

Broker: _____ **Phone:** _____

Please Sign In. Thank You For Visiting

Address: _____ **Date:** _____

Name: _____ Home to sell: Yes   No
Address: _____ Pre-Qualified: Yes   No
Phone: _____   Email: _____
Comments: _____
_____

Name: _____ Home to sell: Yes   No
Address: _____ Pre-Qualified: Yes   No
Phone: _____   Email: _____
Comments: _____
_____

Name: _____ Home to sell: Yes   No
Address: _____ Pre-Qualified: Yes   No
Phone: _____   Email: _____
Comments: _____
_____

Name: _____ Home to sell: Yes   No
Address: _____ Pre-Qualified: Yes   No
Phone: _____   Email: _____
Comments: _____
_____

Name: _____ Home to sell: Yes   No
Address: _____ Pre-Qualified: Yes   No
Phone: _____   Email: _____
Comments: _____
_____

Broker: _____   **Phone:** _____

Please Sign In. Thank You For Visiting

Address: _____ **Date:** _____

Name: _____ Home to sell: Yes No
Address: _____ Pre-Qualified: Yes No
Phone: _____ **Email:** _____
Comments: _____
_____

Name: _____ Home to sell: Yes No
Address: _____ Pre-Qualified: Yes No
Phone: _____ **Email:** _____
Comments: _____
_____

Name: _____ Home to sell: Yes No
Address: _____ Pre-Qualified: Yes No
Phone: _____ **Email:** _____
Comments: _____
_____

Name: _____ Home to sell: Yes No
Address: _____ Pre-Qualified: Yes No
Phone: _____ **Email:** _____
Comments: _____
_____

Name: _____ Home to sell: Yes No
Address: _____ Pre-Qualified: Yes No
Phone: _____ **Email:** _____
Comments: _____
_____

Broker: _____ **Phone:** _____

Please Sign In. Thank You For Visiting

Address: _____ **Date:** _____

Name: _____ Home to sell: Yes   No
Address: _____ Pre-Qualified: Yes   No
Phone: _____ Email: _____
Comments: _____
_____

Name: _____ Home to sell: Yes   No
Address: _____ Pre-Qualified: Yes   No
Phone: _____ Email: _____
Comments: _____
_____

Name: _____ Home to sell: Yes   No
Address: _____ Pre-Qualified: Yes   No
Phone: _____ Email: _____
Comments: _____
_____

Name: _____ Home to sell: Yes   No
Address: _____ Pre-Qualified: Yes   No
Phone: _____ Email: _____
Comments: _____
_____

Name: _____ Home to sell: Yes   No
Address: _____ Pre-Qualified: Yes   No
Phone: _____ Email: _____
Comments: _____
_____

Broker: _____ **Phone:** _____

Please Sign In. Thank You For Visiting

Address: _____ **Date:** _____

Name: _____ Home to sell: Yes   No
Address: _____ Pre-Qualified: Yes   No
Phone: _____   Email: _____
Comments: _____
_____

Name: _____ Home to sell: Yes   No
Address: _____ Pre-Qualified: Yes   No
Phone: _____   Email: _____
Comments: _____
_____

Name: _____ Home to sell: Yes   No
Address: _____ Pre-Qualified: Yes   No
Phone: _____   Email: _____
Comments: _____
_____

Name: _____ Home to sell: Yes   No
Address: _____ Pre-Qualified: Yes   No
Phone: _____   Email: _____
Comments: _____
_____

Name: _____ Home to sell: Yes   No
Address: _____ Pre-Qualified: Yes   No
Phone: _____   Email: _____
Comments: _____
_____

Broker: _____ **Phone:** _____

Please Sign In. Thank You For Visiting

Address: _____ **Date:** _____

Name: _____ Home to sell: Yes No
Address: _____ Pre-Qualified: Yes No
Phone: _____ Email: _____
Comments: _____
_____

Name: _____ Home to sell: Yes No
Address: _____ Pre-Qualified: Yes No
Phone: _____ Email: _____
Comments: _____
_____

Name: _____ Home to sell: Yes No
Address: _____ Pre-Qualified: Yes No
Phone: _____ Email: _____
Comments: _____
_____

Name: _____ Home to sell: Yes No
Address: _____ Pre-Qualified: Yes No
Phone: _____ Email: _____
Comments: _____
_____

Name: _____ Home to sell: Yes No
Address: _____ Pre-Qualified: Yes No
Phone: _____ Email: _____
Comments: _____
_____

Broker: _____ **Phone:** _____

Please Sign In. Thank You For Visiting

Address: _____ **Date:** _____

Name: _____ Home to sell: Yes   No
Address: _____ Pre-Qualified: Yes   No
Phone: _____ **Email:** _____
Comments: _____
_____

Name: _____ Home to sell: Yes   No
Address: _____ Pre-Qualified: Yes   No
Phone: _____ **Email:** _____
Comments: _____
_____

Name: _____ Home to sell: Yes   No
Address: _____ Pre-Qualified: Yes   No
Phone: _____ **Email:** _____
Comments: _____
_____

Name: _____ Home to sell: Yes   No
Address: _____ Pre-Qualified: Yes   No
Phone: _____ **Email:** _____
Comments: _____
_____

Name: _____ Home to sell: Yes   No
Address: _____ Pre-Qualified: Yes   No
Phone: _____ **Email:** _____
Comments: _____
_____

Broker: _____ **Phone:** _____

Please Sign In. Thank You For Visiting

Address: _____ **Date:** _____

Name: _____ Home to sell: Yes No
Address: _____ Pre-Qualified: Yes No
Phone: _____ **Email:** _____
Comments: _____
_____

Name: _____ Home to sell: Yes No
Address: _____ Pre-Qualified: Yes No
Phone: _____ **Email:** _____
Comments: _____
_____

Name: _____ Home to sell: Yes No
Address: _____ Pre-Qualified: Yes No
Phone: _____ **Email:** _____
Comments: _____
_____

Name: _____ Home to sell: Yes No
Address: _____ Pre-Qualified: Yes No
Phone: _____ **Email:** _____
Comments: _____
_____

Name: _____ Home to sell: Yes No
Address: _____ Pre-Qualified: Yes No
Phone: _____ **Email:** _____
Comments: _____
_____

Broker: _____ **Phone:** _____

Please Sign In. Thank You For Visiting

Address: _____ **Date:** _____

Name: _____ Home to sell: Yes No
Address: _____ Pre-Qualified: Yes No
Phone: _____ Email: _____
Comments: _____
_____

Name: _____ Home to sell: Yes No
Address: _____ Pre-Qualified: Yes No
Phone: _____ Email: _____
Comments: _____
_____

Name: _____ Home to sell: Yes No
Address: _____ Pre-Qualified: Yes No
Phone: _____ Email: _____
Comments: _____
_____

Name: _____ Home to sell: Yes No
Address: _____ Pre-Qualified: Yes No
Phone: _____ Email: _____
Comments: _____
_____

Name: _____ Home to sell: Yes No
Address: _____ Pre-Qualified: Yes No
Phone: _____ Email: _____
Comments: _____
_____

Broker: _____ **Phone:** _____

Please Sign In. Thank You For Visiting

Address: _____ **Date:** _____

Name: _____ Home to sell: Yes No
Address: _____ Pre-Qualified: Yes No
Phone: _____ Email: _____
Comments: _____
_____

Name: _____ Home to sell: Yes No
Address: _____ Pre-Qualified: Yes No
Phone: _____ Email: _____
Comments: _____
_____

Name: _____ Home to sell: Yes No
Address: _____ Pre-Qualified: Yes No
Phone: _____ Email: _____
Comments: _____
_____

Name: _____ Home to sell: Yes No
Address: _____ Pre-Qualified: Yes No
Phone: _____ Email: _____
Comments: _____
_____

Name: _____ Home to sell: Yes No
Address: _____ Pre-Qualified: Yes No
Phone: _____ Email: _____
Comments: _____
_____

Broker: _____ **Phone:** _____

Please Sign In. Thank You For Visiting

Address: _____ Date: _____

Name: _____ Home to sell: Yes No
Address: _____ Pre-Qualified: Yes No
Phone: _____ Email: _____
Comments: _____
_____

Name: _____ Home to sell: Yes No
Address: _____ Pre-Qualified: Yes No
Phone: _____ Email: _____
Comments: _____
_____

Name: _____ Home to sell: Yes No
Address: _____ Pre-Qualified: Yes No
Phone: _____ Email: _____
Comments: _____
_____

Name: _____ Home to sell: Yes No
Address: _____ Pre-Qualified: Yes No
Phone: _____ Email: _____
Comments: _____
_____

Name: _____ Home to sell: Yes No
Address: _____ Pre-Qualified: Yes No
Phone: _____ Email: _____
Comments: _____
_____

Broker: _____ Phone: _____

Please Sign In. Thank You For Visiting

Address: _____ Date: _____

Name: _____ Home to sell: Yes   No
Address: _____ Pre-Qualified: Yes   No
Phone: _____ Email: _____
Comments: _____
_____

Name: _____ Home to sell: Yes   No
Address: _____ Pre-Qualified: Yes   No
Phone: _____ Email: _____
Comments: _____
_____

Name: _____ Home to sell: Yes   No
Address: _____ Pre-Qualified: Yes   No
Phone: _____ Email: _____
Comments: _____
_____

Name: _____ Home to sell: Yes   No
Address: _____ Pre-Qualified: Yes   No
Phone: _____ Email: _____
Comments: _____
_____

Name: _____ Home to sell: Yes   No
Address: _____ Pre-Qualified: Yes   No
Phone: _____ Email: _____
Comments: _____
_____

Broker: _____ Phone: _____

Please Sign In. Thank You For Visiting

Address: _____ **Date:** _____

Name: _____ Home to sell: Yes No
Address: _____ Pre-Qualified: Yes No
Phone: _____ Email: _____
Comments: _____
_____

Name: _____ Home to sell: Yes No
Address: _____ Pre-Qualified: Yes No
Phone: _____ Email: _____
Comments: _____
_____

Name: _____ Home to sell: Yes No
Address: _____ Pre-Qualified: Yes No
Phone: _____ Email: _____
Comments: _____
_____

Name: _____ Home to sell: Yes No
Address: _____ Pre-Qualified: Yes No
Phone: _____ Email: _____
Comments: _____
_____

Name: _____ Home to sell: Yes No
Address: _____ Pre-Qualified: Yes No
Phone: _____ Email: _____
Comments: _____
_____

Broker: _____ **Phone:** _____

Please Sign In. Thank You For Visiting

Address: _____ **Date:** _____

Name: _____ Home to sell: Yes   No
Address: _____ Pre-Qualified: Yes   No
Phone: _____   Email: _____
Comments: _____
_____

Name: _____ Home to sell: Yes   No
Address: _____ Pre-Qualified: Yes   No
Phone: _____   Email: _____
Comments: _____
_____

Name: _____ Home to sell: Yes   No
Address: _____ Pre-Qualified: Yes   No
Phone: _____   Email: _____
Comments: _____
_____

Name: _____ Home to sell: Yes   No
Address: _____ Pre-Qualified: Yes   No
Phone: _____   Email: _____
Comments: _____
_____

Name: _____ Home to sell: Yes   No
Address: _____ Pre-Qualified: Yes   No
Phone: _____   Email: _____
Comments: _____
_____

Broker: _____ **Phone:** _____

Page 88

Please Sign In. Thank You For Visiting

Address: _____ Date: _____

Name: _____ Home to sell: Yes No
Address: _____ Pre-Qualified: Yes No
Phone: _____ Email: _____
Comments: _____
_____

Name: _____ Home to sell: Yes No
Address: _____ Pre-Qualified: Yes No
Phone: _____ Email: _____
Comments: _____
_____

Name: _____ Home to sell: Yes No
Address: _____ Pre-Qualified: Yes No
Phone: _____ Email: _____
Comments: _____
_____

Name: _____ Home to sell: Yes No
Address: _____ Pre-Qualified: Yes No
Phone: _____ Email: _____
Comments: _____
_____

Name: _____ Home to sell: Yes No
Address: _____ Pre-Qualified: Yes No
Phone: _____ Email: _____
Comments: _____
_____

Broker: _____ Phone: _____

Please Sign In. Thank You For Visiting

Address: _____ **Date:** _____

Name: _____ Home to sell: Yes No
Address: _____ Pre-Qualified: Yes No
Phone: _____ Email: _____
Comments: _____
_____

Name: _____ Home to sell: Yes No
Address: _____ Pre-Qualified: Yes No
Phone: _____ Email: _____
Comments: _____
_____

Name: _____ Home to sell: Yes No
Address: _____ Pre-Qualified: Yes No
Phone: _____ Email: _____
Comments: _____
_____

Name: _____ Home to sell: Yes No
Address: _____ Pre-Qualified: Yes No
Phone: _____ Email: _____
Comments: _____
_____

Name: _____ Home to sell: Yes No
Address: _____ Pre-Qualified: Yes No
Phone: _____ Email: _____
Comments: _____
_____

Broker: _____ **Phone:** _____

Please Sign In. Thank You For Visiting

Address: _____ Date: _____

Name: _____ Home to sell: Yes   No
Address: _____ Pre-Qualified: Yes   No
Phone: _____ Email: _____
Comments: _____
_____

Name: _____ Home to sell: Yes   No
Address: _____ Pre-Qualified: Yes   No
Phone: _____ Email: _____
Comments: _____
_____

Name: _____ Home to sell: Yes   No
Address: _____ Pre-Qualified: Yes   No
Phone: _____ Email: _____
Comments: _____
_____

Name: _____ Home to sell: Yes   No
Address: _____ Pre-Qualified: Yes   No
Phone: _____ Email: _____
Comments: _____
_____

Name: _____ Home to sell: Yes   No
Address: _____ Pre-Qualified: Yes   No
Phone: _____ Email: _____
Comments: _____
_____

Broker: _____ Phone: _____

Please Sign In. Thank You For Visiting

Address: _____ **Date:** _____

Name: _____ Home to sell:　Yes　No

Address: _____ Pre-Qualified:　Yes　No

Phone: _____　Email: _____

Comments: _____

_____

Name: _____ Home to sell:　Yes　No

Address: _____ Pre-Qualified:　Yes　No

Phone: _____　Email: _____

Comments: _____

_____

Name: _____ Home to sell:　Yes　No

Address: _____ Pre-Qualified:　Yes　No

Phone: _____　Email: _____

Comments: _____

_____

Name: _____ Home to sell:　Yes　No

Address: _____ Pre-Qualified:　Yes　No

Phone: _____　Email: _____

Comments: _____

_____

Name: _____ Home to sell:　Yes　No

Address: _____ Pre-Qualified:　Yes　No

Phone: _____　Email: _____

Comments: _____

_____

Broker: _____ **Phone:** _____

Please Sign In. Thank You For Visiting

Address: _____ **Date:** _____

Name: _____ Home to sell: Yes   No
Address: _____ Pre-Qualified: Yes   No
Phone: _____   **Email:** _____
Comments: _____
_____

Name: _____ Home to sell: Yes   No
Address: _____ Pre-Qualified: Yes   No
Phone: _____   **Email:** _____
Comments: _____
_____

Name: _____ Home to sell: Yes   No
Address: _____ Pre-Qualified: Yes   No
Phone: _____   **Email:** _____
Comments: _____
_____

Name: _____ Home to sell: Yes   No
Address: _____ Pre-Qualified: Yes   No
Phone: _____   **Email:** _____
Comments: _____
_____

Name: _____ Home to sell: Yes   No
Address: _____ Pre-Qualified: Yes   No
Phone: _____   **Email:** _____
Comments: _____
_____

Broker: _____ **Phone:** _____

Please Sign In. Thank You For Visiting

Address: _____ **Date:** _____

Name: _____ Home to sell: Yes   No
Address: _____ Pre-Qualified: Yes   No
Phone: _____   Email: _____
Comments: _____
_____

Name: _____ Home to sell: Yes   No
Address: _____ Pre-Qualified: Yes   No
Phone: _____   Email: _____
Comments: _____
_____

Name: _____ Home to sell: Yes   No
Address: _____ Pre-Qualified: Yes   No
Phone: _____   Email: _____
Comments: _____
_____

Name: _____ Home to sell: Yes   No
Address: _____ Pre-Qualified: Yes   No
Phone: _____   Email: _____
Comments: _____
_____

Name: _____ Home to sell: Yes   No
Address: _____ Pre-Qualified: Yes   No
Phone: _____   Email: _____
Comments: _____
_____

Broker: _____ **Phone:** _____

Please Sign In. Thank You For Visiting

Address: _____ **Date:** _____

Name: _____ Home to sell: Yes   No
Address: _____ Pre-Qualified: Yes   No
Phone: _____ Email: _____
Comments: _____
_____

Name: _____ Home to sell: Yes   No
Address: _____ Pre-Qualified: Yes   No
Phone: _____ Email: _____
Comments: _____
_____

Name: _____ Home to sell: Yes   No
Address: _____ Pre-Qualified: Yes   No
Phone: _____ Email: _____
Comments: _____
_____

Name: _____ Home to sell: Yes   No
Address: _____ Pre-Qualified: Yes   No
Phone: _____ Email: _____
Comments: _____
_____

Name: _____ Home to sell: Yes   No
Address: _____ Pre-Qualified: Yes   No
Phone: _____ Email: _____
Comments: _____
_____

Broker: _____ **Phone:** _____

Please Sign In. Thank You For Visiting

Address: _____ Date: _____

Name: _____ Home to sell: Yes No
Address: _____ Pre-Qualified: Yes No
Phone: _____ Email: _____
Comments: _____
_____

Name: _____ Home to sell: Yes No
Address: _____ Pre-Qualified: Yes No
Phone: _____ Email: _____
Comments: _____
_____

Name: _____ Home to sell: Yes No
Address: _____ Pre-Qualified: Yes No
Phone: _____ Email: _____
Comments: _____
_____

Name: _____ Home to sell: Yes No
Address: _____ Pre-Qualified: Yes No
Phone: _____ Email: _____
Comments: _____
_____

Name: _____ Home to sell: Yes No
Address: _____ Pre-Qualified: Yes No
Phone: _____ Email: _____
Comments: _____
_____

Broker: _____ Phone: _____

Please Sign In. Thank You For Visiting

Address: _____ **Date:** _____

Name: _____ Home to sell: Yes   No
Address: _____ Pre-Qualified: Yes   No
Phone: _____   **Email:** _____
Comments: _____
_____

Name: _____ Home to sell: Yes   No
Address: _____ Pre-Qualified: Yes   No
Phone: _____   **Email:** _____
Comments: _____
_____

Name: _____ Home to sell: Yes   No
Address: _____ Pre-Qualified: Yes   No
Phone: _____   **Email:** _____
Comments: _____
_____

Name: _____ Home to sell: Yes   No
Address: _____ Pre-Qualified: Yes   No
Phone: _____   **Email:** _____
Comments: _____
_____

Name: _____ Home to sell: Yes   No
Address: _____ Pre-Qualified: Yes   No
Phone: _____   **Email:** _____
Comments: _____
_____

Broker: _____ **Phone:** _____

Please Sign In. Thank You For Visiting

Address: _____ **Date:** _____

Name: _____ Home to sell: Yes No
Address: _____ Pre-Qualified: Yes No
Phone: _____ Email: _____
Comments: _____
_____

Name: _____ Home to sell: Yes No
Address: _____ Pre-Qualified: Yes No
Phone: _____ Email: _____
Comments: _____
_____

Name: _____ Home to sell: Yes No
Address: _____ Pre-Qualified: Yes No
Phone: _____ Email: _____
Comments: _____
_____

Name: _____ Home to sell: Yes No
Address: _____ Pre-Qualified: Yes No
Phone: _____ Email: _____
Comments: _____
_____

Name: _____ Home to sell: Yes No
Address: _____ Pre-Qualified: Yes No
Phone: _____ Email: _____
Comments: _____
_____

Broker: _____ **Phone:** _____

Please Sign In. Thank You For Visiting

Address: _____ **Date:** _____

Name: _____ Home to sell: Yes   No
Address: _____ Pre-Qualified: Yes   No
Phone: _____ Email: _____
Comments: _____
_____

Name: _____ Home to sell: Yes   No
Address: _____ Pre-Qualified: Yes   No
Phone: _____ Email: _____
Comments: _____
_____

Name: _____ Home to sell: Yes   No
Address: _____ Pre-Qualified: Yes   No
Phone: _____ Email: _____
Comments: _____
_____

Name: _____ Home to sell: Yes   No
Address: _____ Pre-Qualified: Yes   No
Phone: _____ Email: _____
Comments: _____
_____

Name: _____ Home to sell: Yes   No
Address: _____ Pre-Qualified: Yes   No
Phone: _____ Email: _____
Comments: _____
_____

Broker: _____ **Phone:** _____

Please Sign In. Thank You For Visiting

Address: _____ **Date:** _____

Name: _____ Home to sell: Yes   No
Address: _____ Pre-Qualified: Yes   No
Phone: _____   Email: _____
Comments: _____
_____

Name: _____ Home to sell: Yes   No
Address: _____ Pre-Qualified: Yes   No
Phone: _____   Email: _____
Comments: _____
_____

Name: _____ Home to sell: Yes   No
Address: _____ Pre-Qualified: Yes   No
Phone: _____   Email: _____
Comments: _____
_____

Name: _____ Home to sell: Yes   No
Address: _____ Pre-Qualified: Yes   No
Phone: _____   Email: _____
Comments: _____
_____

Name: _____ Home to sell: Yes   No
Address: _____ Pre-Qualified: Yes   No
Phone: _____   Email: _____
Comments: _____
_____

Broker: _____ **Phone:** _____

Please Sign In. Thank You For Visiting

Address: _____ Date: _____

Name: _____ Home to sell: Yes No
Address: _____ Pre-Qualified: Yes No
Phone: _____ Email: _____
Comments: _____
_____

Name: _____ Home to sell: Yes No
Address: _____ Pre-Qualified: Yes No
Phone: _____ Email: _____
Comments: _____
_____

Name: _____ Home to sell: Yes No
Address: _____ Pre-Qualified: Yes No
Phone: _____ Email: _____
Comments: _____
_____

Name: _____ Home to sell: Yes No
Address: _____ Pre-Qualified: Yes No
Phone: _____ Email: _____
Comments: _____
_____

Name: _____ Home to sell: Yes No
Address: _____ Pre-Qualified: Yes No
Phone: _____ Email: _____
Comments: _____
_____

Broker: _____ Phone: _____

Please Sign In. Thank You For Visiting

Address: _____ **Date:** _____

Name: _____ Home to sell: Yes No
Address: _____ Pre-Qualified: Yes No
Phone: _____ **Email:** _____
Comments: _____
_____

Name: _____ Home to sell: Yes No
Address: _____ Pre-Qualified: Yes No
Phone: _____ **Email:** _____
Comments: _____
_____

Name: _____ Home to sell: Yes No
Address: _____ Pre-Qualified: Yes No
Phone: _____ **Email:** _____
Comments: _____
_____

Name: _____ Home to sell: Yes No
Address: _____ Pre-Qualified: Yes No
Phone: _____ **Email:** _____
Comments: _____
_____

Name: _____ Home to sell: Yes No
Address: _____ Pre-Qualified: Yes No
Phone: _____ **Email:** _____
Comments: _____
_____

Broker: _____ **Phone:** _____

Please Sign In. Thank You For Visiting

Address: _____ Date: _____

Name: _____ Home to sell: Yes No
Address: _____ Pre-Qualified: Yes No
Phone: _____ Email: _____
Comments: _____
_____

Name: _____ Home to sell: Yes No
Address: _____ Pre-Qualified: Yes No
Phone: _____ Email: _____
Comments: _____
_____

Name: _____ Home to sell: Yes No
Address: _____ Pre-Qualified: Yes No
Phone: _____ Email: _____
Comments: _____
_____

Name: _____ Home to sell: Yes No
Address: _____ Pre-Qualified: Yes No
Phone: _____ Email: _____
Comments: _____
_____

Name: _____ Home to sell: Yes No
Address: _____ Pre-Qualified: Yes No
Phone: _____ Email: _____
Comments: _____
_____

Broker: _____ Phone: _____

Please Sign In. Thank You For Visiting

Address: _____ **Date:** _____

Name: _____ Home to sell: Yes No
Address: _____ Pre-Qualified: Yes No
Phone: _____ **Email:** _____
Comments: _____
_____

Name: _____ Home to sell: Yes No
Address: _____ Pre-Qualified: Yes No
Phone: _____ **Email:** _____
Comments: _____
_____

Name: _____ Home to sell: Yes No
Address: _____ Pre-Qualified: Yes No
Phone: _____ **Email:** _____
Comments: _____
_____

Name: _____ Home to sell: Yes No
Address: _____ Pre-Qualified: Yes No
Phone: _____ **Email:** _____
Comments: _____
_____

Name: _____ Home to sell: Yes No
Address: _____ Pre-Qualified: Yes No
Phone: _____ **Email:** _____
Comments: _____
_____

Broker: _____ **Phone:** _____

Page 104

Please Sign In. Thank You For Visiting

Address: _____ **Date:** _____

Name: _____ Home to sell: Yes   No
Address: _____ Pre-Qualified: Yes   No
Phone: _____ Email: _____
Comments: _____
_____

Name: _____ Home to sell: Yes   No
Address: _____ Pre-Qualified: Yes   No
Phone: _____ Email: _____
Comments: _____
_____

Name: _____ Home to sell: Yes   No
Address: _____ Pre-Qualified: Yes   No
Phone: _____ Email: _____
Comments: _____
_____

Name: _____ Home to sell: Yes   No
Address: _____ Pre-Qualified: Yes   No
Phone: _____ Email: _____
Comments: _____
_____

Name: _____ Home to sell: Yes   No
Address: _____ Pre-Qualified: Yes   No
Phone: _____ Email: _____
Comments: _____
_____

Broker: _____ **Phone:** _____

Please Sign In. Thank You For Visiting

Address: _____ **Date:** _____

Name: _____ Home to sell: Yes   No
Address: _____ Pre-Qualified: Yes   No
Phone: _____   **Email:** _____
Comments: _____
_____

Name: _____ Home to sell: Yes   No
Address: _____ Pre-Qualified: Yes   No
Phone: _____   **Email:** _____
Comments: _____
_____

Name: _____ Home to sell: Yes   No
Address: _____ Pre-Qualified: Yes   No
Phone: _____   **Email:** _____
Comments: _____
_____

Name: _____ Home to sell: Yes   No
Address: _____ Pre-Qualified: Yes   No
Phone: _____   **Email:** _____
Comments: _____
_____

Name: _____ Home to sell: Yes   No
Address: _____ Pre-Qualified: Yes   No
Phone: _____   **Email:** _____
Comments: _____
_____

Broker: _____ **Phone:** _____

Please Sign In. Thank You For Visiting

Address: _____ **Date:** _____

Name: _____ Home to sell: Yes No
Address: _____ Pre-Qualified: Yes No
Phone: _____ Email: _____
Comments: _____
_____

Name: _____ Home to sell: Yes No
Address: _____ Pre-Qualified: Yes No
Phone: _____ Email: _____
Comments: _____
_____

Name: _____ Home to sell: Yes No
Address: _____ Pre-Qualified: Yes No
Phone: _____ Email: _____
Comments: _____
_____

Name: _____ Home to sell: Yes No
Address: _____ Pre-Qualified: Yes No
Phone: _____ Email: _____
Comments: _____
_____

Name: _____ Home to sell: Yes No
Address: _____ Pre-Qualified: Yes No
Phone: _____ Email: _____
Comments: _____
_____

Broker: _____ **Phone:** _____

Please Sign In. Thank You For Visiting

Address: _____ **Date:** _____

Name: _____ Home to sell: Yes   No
Address: _____ Pre-Qualified: Yes   No
Phone: _____ **Email:** _____
Comments: _____
_____

Name: _____ Home to sell: Yes   No
Address: _____ Pre-Qualified: Yes   No
Phone: _____ **Email:** _____
Comments: _____
_____

Name: _____ Home to sell: Yes   No
Address: _____ Pre-Qualified: Yes   No
Phone: _____ **Email:** _____
Comments: _____
_____

Name: _____ Home to sell: Yes   No
Address: _____ Pre-Qualified: Yes   No
Phone: _____ **Email:** _____
Comments: _____
_____

Name: _____ Home to sell: Yes   No
Address: _____ Pre-Qualified: Yes   No
Phone: _____ **Email:** _____
Comments: _____
_____

Broker: _____ **Phone:** _____

Please Sign In. Thank You For Visiting

Address: _____ **Date:** _____

Name: _____ Home to sell: Yes   No
Address: _____ Pre-Qualified: Yes   No
Phone: _____ **Email:** _____
Comments: _____
_____

Name: _____ Home to sell: Yes   No
Address: _____ Pre-Qualified: Yes   No
Phone: _____ **Email:** _____
Comments: _____
_____

Name: _____ Home to sell: Yes   No
Address: _____ Pre-Qualified: Yes   No
Phone: _____ **Email:** _____
Comments: _____
_____

Name: _____ Home to sell: Yes   No
Address: _____ Pre-Qualified: Yes   No
Phone: _____ **Email:** _____
Comments: _____
_____

Name: _____ Home to sell: Yes   No
Address: _____ Pre-Qualified: Yes   No
Phone: _____ **Email:** _____
Comments: _____
_____

Broker: _____ **Phone:** _____

Please Sign In. Thank You For Visiting

Address: _____ **Date:** _____

Name: _____ Home to sell: Yes No
Address: _____ Pre-Qualified: Yes No
Phone: _____ Email: _____
Comments: _____
_____

Name: _____ Home to sell: Yes No
Address: _____ Pre-Qualified: Yes No
Phone: _____ Email: _____
Comments: _____
_____

Name: _____ Home to sell: Yes No
Address: _____ Pre-Qualified: Yes No
Phone: _____ Email: _____
Comments: _____
_____

Name: _____ Home to sell: Yes No
Address: _____ Pre-Qualified: Yes No
Phone: _____ Email: _____
Comments: _____
_____

Name: _____ Home to sell: Yes No
Address: _____ Pre-Qualified: Yes No
Phone: _____ Email: _____
Comments: _____
_____

Broker: _____ **Phone:** _____

Please Sign In. Thank You For Visiting

Address: _____ **Date:** _____

Name: _____ Home to sell: Yes   No
Address: _____ Pre-Qualified: Yes   No
Phone: _____   **Email:** _____
Comments: _____
_____

Name: _____ Home to sell: Yes   No
Address: _____ Pre-Qualified: Yes   No
Phone: _____   **Email:** _____
Comments: _____
_____

Name: _____ Home to sell: Yes   No
Address: _____ Pre-Qualified: Yes   No
Phone: _____   **Email:** _____
Comments: _____
_____

Name: _____ Home to sell: Yes   No
Address: _____ Pre-Qualified: Yes   No
Phone: _____   **Email:** _____
Comments: _____
_____

Name: _____ Home to sell: Yes   No
Address: _____ Pre-Qualified: Yes   No
Phone: _____   **Email:** _____
Comments: _____
_____

Broker: _____ **Phone:** _____

Please Sign In. Thank You For Visiting

Address: _____ **Date:** _____

Name: _____ Home to sell: Yes   No
Address: _____ Pre-Qualified: Yes   No
Phone: _____   Email: _____
Comments: _____
_____

Name: _____ Home to sell: Yes   No
Address: _____ Pre-Qualified: Yes   No
Phone: _____   Email: _____
Comments: _____
_____

Name: _____ Home to sell: Yes   No
Address: _____ Pre-Qualified: Yes   No
Phone: _____   Email: _____
Comments: _____
_____

Name: _____ Home to sell: Yes   No
Address: _____ Pre-Qualified: Yes   No
Phone: _____   Email: _____
Comments: _____
_____

Name: _____ Home to sell: Yes   No
Address: _____ Pre-Qualified: Yes   No
Phone: _____   Email: _____
Comments: _____
_____

Broker: _____ **Phone:** _____

Please Sign In. Thank You For Visiting

Address: _____ Date: _____

Name: _____ Home to sell: Yes   No
Address: _____ Pre-Qualified: Yes   No
Phone: _____   Email: _____
Comments: _____
_____

Name: _____ Home to sell: Yes   No
Address: _____ Pre-Qualified: Yes   No
Phone: _____   Email: _____
Comments: _____
_____

Name: _____ Home to sell: Yes   No
Address: _____ Pre-Qualified: Yes   No
Phone: _____   Email: _____
Comments: _____
_____

Name: _____ Home to sell: Yes   No
Address: _____ Pre-Qualified: Yes   No
Phone: _____   Email: _____
Comments: _____
_____

Name: _____ Home to sell: Yes   No
Address: _____ Pre-Qualified: Yes   No
Phone: _____   Email: _____
Comments: _____
_____

Broker: _____ Phone: _____

Please Sign In. Thank You For Visiting

Address: _____ **Date:** _____

Name: _____ Home to sell: Yes   No
Address: _____ Pre-Qualified: Yes   No
Phone: _____   Email: _____
Comments: _____
_____

Name: _____ Home to sell: Yes   No
Address: _____ Pre-Qualified: Yes   No
Phone: _____   Email: _____
Comments: _____
_____

Name: _____ Home to sell: Yes   No
Address: _____ Pre-Qualified: Yes   No
Phone: _____   Email: _____
Comments: _____
_____

Name: _____ Home to sell: Yes   No
Address: _____ Pre-Qualified: Yes   No
Phone: _____   Email: _____
Comments: _____
_____

Name: _____ Home to sell: Yes   No
Address: _____ Pre-Qualified: Yes   No
Phone: _____   Email: _____
Comments: _____
_____

Broker: _____ **Phone:** _____

Please Sign In. Thank You For Visiting

Address: _____ Date: _____

Name: _____ Home to sell: Yes   No
Address: _____ Pre-Qualified: Yes   No
Phone: _____ Email: _____
Comments: _____
_____

Name: _____ Home to sell: Yes   No
Address: _____ Pre-Qualified: Yes   No
Phone: _____ Email: _____
Comments: _____
_____

Name: _____ Home to sell: Yes   No
Address: _____ Pre-Qualified: Yes   No
Phone: _____ Email: _____
Comments: _____
_____

Name: _____ Home to sell: Yes   No
Address: _____ Pre-Qualified: Yes   No
Phone: _____ Email: _____
Comments: _____
_____

Name: _____ Home to sell: Yes   No
Address: _____ Pre-Qualified: Yes   No
Phone: _____ Email: _____
Comments: _____
_____

Broker: _____ Phone: _____

Please Sign In. Thank You For Visiting

Address: _____ **Date:** _____

Name: _____ Home to sell: Yes   No
Address: _____ Pre-Qualified: Yes   No
Phone: _____   **Email:** _____
Comments: _____
_____

Name: _____ Home to sell: Yes   No
Address: _____ Pre-Qualified: Yes   No
Phone: _____   **Email:** _____
Comments: _____
_____

Name: _____ Home to sell: Yes   No
Address: _____ Pre-Qualified: Yes   No
Phone: _____   **Email:** _____
Comments: _____
_____

Name: _____ Home to sell: Yes   No
Address: _____ Pre-Qualified: Yes   No
Phone: _____   **Email:** _____
Comments: _____
_____

Name: _____ Home to sell: Yes   No
Address: _____ Pre-Qualified: Yes   No
Phone: _____   **Email:** _____
Comments: _____
_____

Broker: _____ **Phone:** _____

Please Sign In. Thank You For Visiting

Address: _____ **Date:** _____

Name: _____ Home to sell: Yes No
Address: _____ Pre-Qualified: Yes No
Phone: _____ **Email:** _____
Comments: _____
_____

Name: _____ Home to sell: Yes No
Address: _____ Pre-Qualified: Yes No
Phone: _____ **Email:** _____
Comments: _____
_____

Name: _____ Home to sell: Yes No
Address: _____ Pre-Qualified: Yes No
Phone: _____ **Email:** _____
Comments: _____
_____

Name: _____ Home to sell: Yes No
Address: _____ Pre-Qualified: Yes No
Phone: _____ **Email:** _____
Comments: _____
_____

Name: _____ Home to sell: Yes No
Address: _____ Pre-Qualified: Yes No
Phone: _____ **Email:** _____
Comments: _____
_____

Broker: _____ **Phone:** _____

Please Sign In. Thank You For Visiting

Address: _____ Date: _____

Name: _____ Home to sell: Yes   No
Address: _____ Pre-Qualified: Yes   No
Phone: _____ Email: _____
Comments: _____
_____

Name: _____ Home to sell: Yes   No
Address: _____ Pre-Qualified: Yes   No
Phone: _____ Email: _____
Comments: _____
_____

Name: _____ Home to sell: Yes   No
Address: _____ Pre-Qualified: Yes   No
Phone: _____ Email: _____
Comments: _____
_____

Name: _____ Home to sell: Yes   No
Address: _____ Pre-Qualified: Yes   No
Phone: _____ Email: _____
Comments: _____
_____

Name: _____ Home to sell: Yes   No
Address: _____ Pre-Qualified: Yes   No
Phone: _____ Email: _____
Comments: _____
_____

Broker: _____ Phone: _____

Please Sign In. Thank You For Visiting

Address: _____ **Date:** _____

Name: _____ Home to sell:　Yes　No

Address: _____ Pre-Qualified:　Yes　No

Phone: _____ Email: _____

Comments: _____

_____

Name: _____ Home to sell:　Yes　No

Address: _____ Pre-Qualified:　Yes　No

Phone: _____ Email: _____

Comments: _____

_____

Name: _____ Home to sell:　Yes　No

Address: _____ Pre-Qualified:　Yes　No

Phone: _____ Email: _____

Comments: _____

_____

Name: _____ Home to sell:　Yes　No

Address: _____ Pre-Qualified:　Yes　No

Phone: _____ Email: _____

Comments: _____

_____

Name: _____ Home to sell:　Yes　No

Address: _____ Pre-Qualified:　Yes　No

Phone: _____ Email: _____

Comments: _____

_____

Broker: _____ **Phone:** _____

Please Sign In. Thank You For Visiting

Address: _____ **Date:** _____

Name: _____ Home to sell: Yes No
Address: _____ Pre-Qualified: Yes No
Phone: _____ **Email:** _____
Comments: _____
_____

Name: _____ Home to sell: Yes No
Address: _____ Pre-Qualified: Yes No
Phone: _____ **Email:** _____
Comments: _____
_____

Name: _____ Home to sell: Yes No
Address: _____ Pre-Qualified: Yes No
Phone: _____ **Email:** _____
Comments: _____
_____

Name: _____ Home to sell: Yes No
Address: _____ Pre-Qualified: Yes No
Phone: _____ **Email:** _____
Comments: _____
_____

Name: _____ Home to sell: Yes No
Address: _____ Pre-Qualified: Yes No
Phone: _____ **Email:** _____
Comments: _____
_____

Broker: _____ **Phone:** _____

www.ingramcontent.com/pod-product-compliance
Lightning Source LLC
Chambersburg PA
CBHW081004170526
45158CB00010B/2899